—————————— 님의 소중한 미래를 위해

이 책을 드립니다.

10대를 위한
영어 3줄 일기

10대를 위한
영어 3줄 일기

3 Daily Lines of Diary
for Teenagers

정승익 지음

메이트북스

메이트북스 우리는 책이 독자를 위한 것임을 잊지 않는다.
우리는 독자의 꿈을 사랑하고,
그 꿈이 실현될 수 있는 도구를 세상에 내놓는다.

10대를 위한 영어 3줄 일기

초판 1쇄 발행 2018년 3월 15일 | **초판 4쇄 발행** 2023년 6월 3일 | **지은이** 정승익
펴낸곳 ㈜원앤원콘텐츠그룹 | **펴낸이** 강현규·정영훈
책임편집 안정연 | **편집** 박은지·남수정 | **디자인** 최선희
마케팅 김형진·이선미·정채훈 | **경영지원** 최향숙
등록번호 제301-2006-001호 | **등록일자** 2013년 5월 24일
주소 04607 서울시 중구 다산로 139 랜더스빌딩 5층 | **전화** (02)2234-7117
팩스 (02)2234-1086 | **홈페이지** matebooks.co.kr | **이메일** khg0109@hanmail.net
값 14,000원 | **ISBN** 979-11-6002-105-9 43740

이 도서의 국립중앙도서관 출판시도서목록(CIP)은 e-CIP홈페이지(http://www.nl.go.kr/ecip)에서
이용하실 수 있습니다.(CIP제어번호 : CIP2018007146)

Be who you are and say what you feel,
because those who mind don't matter
and those who matter don't mind.

당당하게 네 자신이 되고 네 생각을 표현하라.
너의 말과 행동을 거리낄 사람들은 중요한 사람들이 못되고
정작 중요한 사람들은 개의치 않을 것이기 때문이다.

• 닥터 수스(미국의 작가) •

교과서 밖 영어를 공부하고 싶은
학생들을 위한 영어일기

지난 10년간 학교와 강의 현장에서 학생들에게 영어를 쉽게 가르치기 위해서 노력해왔습니다. 특히 학생들이 가장 어려워하는 '영문법'을 쉽게 가르치기 위해서 치열한 노력을 기울였고, 그 결과 쉽게 이해할 수 있는 영문법 강의들이 다수 탄생했습니다. 강남인강의 '우주에서 가장 쉬운 영문법' '세상에서 가장 쉬운 영문법'은 제가 직접 만든 PDF 교안을 이용해서 영어의 기초를 시원하게 이해할 수 있는 강의로 오랜 사랑을 받고 있고, EBS에서도 중고등 수준에서 다양한 문법 강의들을 쉽고 재미있는 내용으로 제작했습니다. 하지만 제 마음속에는 항상 고민이 있었습니다.

"어떻게 하면 학생들이 영어 공부를 더 재미있게 할 수 있을까?"

대한민국에서 중학생 이상의 학생들이 영어 공부를 하는 과정은 교과서를 기본으로 하되 '단어-문법-독해'의 과정으로 이루어집니다. 학생들은 교과서를 분석하고, 필요에 따라 외우는 수준까지 교과서 내용을 공부합니다. 요즘의 교과서는 예전보다 소재와 내용 면에서 많은 발전이 이루어졌지만, 그래도 시험의 도구로서의 교과서는 학생들에게 부담스러운 존재입니다. 제가 만드는 영어 인터넷 강의들도 아무리 재미가 있어도 결국 '공부'라는 큰 틀 안에서 벗어나지 못합니다. 제가 만든 영문법 강의들이 정말 쉽고 재미있다고 주변에서 평가받지만, 저는 속으로 이런 고민을 꾸준히 해왔습니다.

"더 재미있는 영어 공부법은 없을까?"

학생들이 교과서를 벗어나서 좀 더 자유롭게, 재미있게 영어를 공부할 수 있는 방법을 찾고 싶었습니다. 이런 고민 끝에 이 책이 만들어졌습니다.

이 책은 10대들을 위한 영어 일기입니다. 정확히는 100개의 십대를 위한 질문에 답을 하는 형식의 일기입니다. 요즘 일기를 꼬박꼬박 쓰는 10대들은 많지 않을 겁니다. 모든 것이 너무 빠르게 변하고 지나가고 있어서 잠시 멈추어 생각을 정리할 시간도 주어지지 않는 현실입니다. 이 책은 이러한 시대를 살고 있는 10대들에게 3가지 의미에서 도움이 될 것이라 확신합니다.

첫째, 자신을 돌아볼 수 있는 기회를 제공합니다.

인터넷과 게임 세상에 빠져서 자신의 모습에 대해서는 관심을 많이 기울이지 못하는 10대들에게 이 책은 자신을 돌아볼 기회를 제공합니다. 100개의 질문에 하나하나 답을 하는 과정은 자신을 탐색하면서 조금씩 이해하는 소중한 시간이 될 겁니다.

둘째, 교과서 밖 영어를 공부할 수 있습니다.

요즘의 영어 교과서는 분명 훌륭한 영어 학습 교재입니다. 하지만 교과서는 학교에서 쓰는 평가의 도구라는 성격이 강합니다. 다수의 학생들은 교과서 밖, 학교 밖의 생생한 영어에 대한 목마름이 있습니다. 이 영어 일기는 미국에서 태어나서 미국에서 학창시절을 보낸 여학생의 도움을 받아서 제작되었습니다. 그만큼 이 책에는 10대의 감성이 듬뿍 담겨 있고, 동시에 가장 원어민스러운 단어와 표현들이 가득합니다. 교과서를 벗어나서 마음껏 생생한 영어를 접해볼 수 있도록 내용을 구성했습니다. 평소 교과서 밖 영어가 궁금했던 학생들에게 신선하고 보람된 경험이 될 것이라 자신합니다.

셋째, 선별한 100개의 질문으로 부담 없이 공부할 수 있습니다.

이 책은 100개의 질문으로 구성되어 있습니다. 100이란 숫자는 습관을 만들기에 충분하면서도 부담이 적은 숫자입니다. 하루에 한 개의 질문에 답을 한다면 약 3개월, 하루에 3~4개 질문에 답을 한다면 단 한 달 만에 100개의 질문에 답을 할 수 있습니다. 하루에 10~30분만 투자한다면, 한 달 만에 영어다운 영어의 매력에 푹 빠지게 될 겁니다. 두꺼운 책으로 공부를 한다고 해서 반드시 좋은 것은 아닙니다. 한 권을 끝까지 공부하지 못하면 자존감이 오히려 내려갑니다. 이 책은 얇고 가볍지만, 늘 가지고 다니면서 언제 어디서나 생생한 영어를 공부할 수 있도록 도와줍니다. 그리고 마지막 장을 넘길때면 책 한 권을 끝냈다는 성취감과 함께 영어에 대한 자신감이 커져있을 겁니다. 일기장처럼, 다이어리처럼 늘 가지고 다니면서 부담 없이 즐겁게 공부할 수 있는 새로운 경험을 이 책이 선사하리라 확신합니다.

지난 10년간 저는 단어·문법·독해 강의를 잠을 아껴가며 제작해 왔습니다. 아직까지 대한민국 영어 교실에는 단어·문법·독해 실력이 분명히 필요합니다. 하지만 흥미가 없는 공부, 억지로 하는 공부, 시험만을 위한 공부는 오래가지 못합니다. 저는 이 책을 통해서 학생들이 영어의 참맛을 느끼고, 재미를 느끼고, 앞으로 영어를 꾸준히 공부할 수 있는 에너지를 얻으면 좋겠습니다.

자신과 관련된 100개의 질문에 한국말로 답을 해도 충분히 재미있을 겁니다. '백문백답'이라고 하죠. 이제 그 과정을 영어로 해보려고 합니다. 부담 없이 샘플 일기를 따라 쓰면서, 또 자신만의 일기를 쓰면서 이 책을 여러분의 글씨들로 가득 채워보세요. 올해 가장 보람된 일이 될 것이라 자신합니다. 이 작은 시작이 여러분을 새로운 미래로 이끌 겁니다.

여러분을 응원합니다.

정승익

『10대를 위한 영어 3줄 일기』 활용법

Q001

Who is your best friend?

당신의 가장 친한 친구는 누구인가요?

Sample Diary

My best friend's name is Eve. We have been close with each other for the past seven years. We bond over many things, especially over the topic of food.

나의 가장 친한 친구의 이름은 Eve다. 우리는 지난 7년 동안 가깝게 지내왔다. 우리는 많은 계기로 친하게 지내는데, 특히 음식이라는 주제에 대해서 친하게 지낸다.

❶ 질문 & 샘플

10대를 위한 질문과 샘플 일기를 읽어보세요. 미국에서 학창 시절을 보낸 10대 학생의 생생한 일기를 읽으면서 다양한 단어 및 표현들과 친해져보세요.

WORDS & EXPRESSIONS

- be close with someone 누구와 가깝게 지내다
- bond over something 어떤 것을 계기로 친해지다
- especially 특히
- topic 주제

친절한 승익쌤

have been은 #현재완료 시제예요. 과거부터 지금까지 그랬다는 뜻이랍니다.

❷ 단어 & 문법

미국 현지에서 사용하는 단어와 표현들을 마음껏 공부하세요. 다소 어려울 수 있는 문법과 표현들은 〈친절한 승익쌤〉 코너를 통해서 도움을 받을 수 있습니다.

10

➍ 따라 쓰기

신선한 단어들과 표현들이 가득한 영어다운 영어 문장들을 따라서 써보세요. 총 100개의 일기를 따라 쓰는 것만으로도 영어 실력이 부쩍 향상될 겁니다.

My Diary

➎ 나만의 일기 쓰기

이제 여러분의 일기를 써보세요. 샘플 일기에서 배운 단어와 표현들을 적극 활용해도 좋고, 여러분들만의 일기를 써도 좋습니다. 영어로 하루 한 번 글을 작성한다는 것 자체가 너무나 보람된 공부가 될 겁니다.

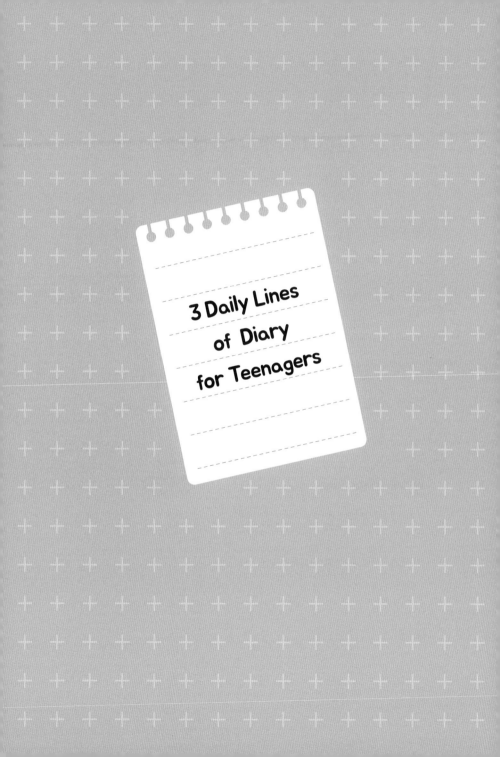

3 Daily Lines
of Diary
for Teenagers

Who is your best friend?

당신의 가장 친한 친구는 누구인가요?

Sample Diary

My best friend's name is Eve. We have been close with each other for the past seven years. We bond over many things, especially over the topic of food.

나의 가장 친한 친구의 이름은 Eve다. 우리는 지난 7년 동안 가깝게 지내왔다. 우리는 많은 계기로 친하게 지내는데, 특히 음식이라는 주제에 대해서 친하게 지낸다.

WORDS & EXPRESSIONS

- be close with someone 누구와 가깝게 지내다
- bond over something 어떤 것을 계기로 친해지다
- especially 특히
- topic 주제

친절한 승익쌤

have been은 #현재완료 시제예요. 과거부터 지금까지 그랬다는 뜻이랍니다.

My
Diary

What do you dream about?

당신은 어떤 꿈을 꾸나요?

Usually, I dream about random events. Nothing ever makes sense in my dreams. I think that's what makes them more interesting.

나는 주로 무작위 사건에 대해서 꿈을 꾼다. 나의 꿈속에서는 말이 안 되는 일이 많이 일어난다. 그런 점이 꿈을 더 흥미롭게 만드는 것 같다.

WORDS & EXPRESSIONS

• random 무작위의

• make sense 의미가 통하다, 이해가 되다

• interesting 재미있는, 흥미로운

친절한 송이쌤

영어에서 what은 '~것, 무엇', 이렇게 2가지 의미를 가진답니다.

My Diary

Q003

Who is your hero and why?

당신의 영웅은 누구이고, 그 이유는 무엇인가요?

Sample Diary

My hero is my dad. He is the kindest and most generous person I know. I know he will always have my back no matter what kind of situation I am in.

나의 영웅은 나의 아빠다. 아빠는 내가 아는 사람 중에서 가장 착하고 너그러운 사람이다. 내가 어떤 상황에 처해 있든 늘 나를 응원해주실 것을 나는 알고 있다.

WORDS & EXPRESSIONS

- generous 너그러운
- have one's back 돌봐주다, 보살펴주다
- no matter what 비록 무엇이 ~하더라도
- situation 상황

친절한 승익쌤

kind는 '친절한'이라는 뜻이고, the kindest는 '가장 친절한'이라는 뜻이에요. 이것을 #최상급이라고 부르죠.

My
Diary

How do you handle stress?

당신은 스트레스를 어떻게 푸나요?

Sample Diary

I deal with stress by drawing. When I'm under too much pressure or feel upset about something, I take out my pen and sketch pad. I usually feel better after a couple of minutes.

나는 그림을 그려서 스트레스를 푼다. 지나친 압박감을 느끼거나 무언가에 대해서 속상할 때 나는 볼펜과 스케치패드를 꺼낸다. 그러면 보통 몇 분 후에 기분이 괜찮아진다.

WORDS & EXPRESSIONS

• deal with ~을 다루다

• pressure 압박, 압력

• upset 속상한

친절한 승이쌤

by + 동사ing는 영어에서 굉장히 많이 쓰는 표현으로, '~함으로써'라는 방법을 나타냅니다.

Sample Diary를 따라 써보세요

My Diary

10대를 위한 영어 3줄 일기

21

Do you have a role model?

당신에게 롤모델이 있나요?

Sample Diary

My role model is Amal Clooney. Although she is known by some people as actor George Clooney's wife, she is better known as a prominent lawyer who specializes in international law and human rights. She inspires me to study hard and achieve my dream career some day.

나의 롤모델은 Amal Clooney이다. 몇몇 사람들을 그녀를 배우 George Clooney의 아내로 알고 있지만, 그녀는 국제법과 인권을 전문적으로 다루는 변호사로 사람들에게 더 잘 알려져 있다. 그녀는 내가 공부를 열심히 하고 언젠간 나의 꿈을 이루는 영감이 된다.

WORDS & EXPRESSIONS

- prominent 중요한, 유명한
- specialize (~을) 전공하다, 전문적으로 다루다
- human rights 인권
- inspire (욕구·자신감·열의를 갖도록) 격려하다
- career 직업

친절한 승익쌤

be known은 know라는 동사를 #수동태로 만든 거랍니다. '알려져 있다' 라는 의미예요.

My Diary

What sports interest you?

어떤 운동이 당신에게 흥미롭나요?

Sample Diary

I'm interested in volleyball. I enjoy watching the volleyball players' dynamic movements. Also, usually I have a hard time understanding rules in sports but I find that volleyball games are relatively easy to follow.

나는 배구에 흥미가 있다. 배구 선수들의 역동적인 움직임을 보는 것을 즐긴다. 또한 나는 주로 스포츠의 규칙을 이해하는 데 어려움을 느끼지만 배구는 상대적으로 이해하기 쉽게 느껴진다.

WORDS & EXPRESSIONS

- dynamic 역동적인
- movement (몸·신체 부위의) 움직임
- relatively 상대적으로
- be easy to follow 이해하기 쉽다

> 친절한 송익쌤
>
> find는 '찾다, 발견하다'라는 의미 외에 '느끼다, 알게 되다'라는 의미로도 쓰인답니다.

24

My Diary

What's your favorite book?

당신이 가장 좋아하는 책은 무엇인가요?

Sample Diary

My favorite book is 100 Years of Solitude by Gabriel García Márquez. I love this book because it is profound and complicated. While the beautifully bizarre story is about a town called Macondo, at the same time it illustrates Latin America's history with colonialism and modernization.

내가 가장 좋아하는 책은 가브리엘 가르시아 마르케스의 〈백년간의 고독〉이다. 나는 이 책이 심오하고 복잡해서 정말 좋아한다. 아름답게 기이한 이야기는 Macondo라는 마을에 대한 것이지만 동시에 라틴아메리카의 식민주의와 근대화 역사도 보여준다.

WORDS & EXPRESSIONS

- profound 심오한
- bizarre 기이한
- illustrate 보여주다
- colonialism 식민주의
- modernization 근대화

친절한 승익쌤

while은 '비록 ~하지만, ~할지라도'라는 뜻으로 자주 쓰인답니다.

My
Diary

What makes you most afraid?

당신이 가장 무서워하는 것은 무엇인가요?

Sample Diary

I am very afraid of clowns. Everytime I see a clown on my computer or phone screen, I cover it with my hand. I have no idea why, but clown faces give me the chills.

나는 광대를 아주 무서워한다. 컴퓨터나 휴대폰 화면에 광대가 나올 때마다 나는 그것을 손으로 가린다. 도대체 그 이유는 모르겠지만 광대의 얼굴은 나를 소름 돋게 한다.

WORDS & EXPRESSIONS

• clown 광대

• everytime~ ~할 때마다

• have no idea 전혀[하나도] 모르다

• give someone the chills ~에게 소름 돋게 하다

친절한 승익쌤

be afraid of는 '~을 두려워하다'라는 의미예요. 영어에서 많이 쓰이는 표현이죠.

My
Diary

Do you have any pet peeves?

당신이 특히 싫어하는 것이 있나요?

Sample Diary

It bothers me so much when people are late. Being 10 minutes late is fine, but when someone comes later than that it irks me. I'm usually 10 to 15 minutes early to everything, so if people are late it means that I have to wait for them that much longer.

사람들이 약속에 늦을 때 나를 성가시게 한다. 10분 늦는 것은 괜찮지만 그것보다 늦게 올 때는 짜증난다. 나는 어딜 가도 10분이나 15분 일찍 도착하기 때문에 사람들이 늦는다면 나는 그만큼 그들을 더 기다려야 한다.

WORDS & EXPRESSIONS

• bother 괴롭히다

• irk 짜증스럽게 하다

• that much 그만큼, 거기까지, 그런 정도

친절한 승익쌤

have to는 '~해야 한다'라는 의미예요. 동사 앞에 쓴답니다. have to study는 '공부해야 한다'라는 의미겠죠.

My
Diary

Do you think teens can change the world?

10대들이 세상을 바꿀 수 있다고 믿나요?

Sample Diary

I do believe that teens can change the world. This is especially true nowadays, with the internet and social media. Provided with the right platform and collaboration, teens can make an impact.

나는 10대들이 세상을 바꿀 수 있다고 믿는다. 인터넷과 소셜미디어(SNS)가 있는 요즘은 특히 더 그렇다. 적절한 플랫폼이 주어지고 협동을 한다면 10대들이 영향을 끼칠 수 있다.

WORDS & EXPRESSIONS

- nowadays 요즘에는
- social media 소셜미디어(SNS)
- platform 플랫폼, 단, 연단, 강단
- collaboration 협동

친절한 승익쌤

do believe에서 do는 특별한 의미 없이 believe를 '강조'하기 위해서 쓰였답니다.

My
Diary

Q 011

. . .

What was your nickname when you were young?

당신이 어렸을 때의 별명은 무엇이었나요?

Sample Diary

When I was a kid, my family members called me "Jojo". They called me that because my name is Joyce. I later learned that Jojo means 'early morning' in Korean, which is funny because I am not a morning person.

내가 아이였을 때 나의 가족은 나를 "Jojo"라고 불렀다. 그 이유는 나의 이름이 Joyce이기 때문이다. 그 이후에 나는 Jojo가 한국어로 '이른 아침'을 뜻한다는 것을 알게 되었고, 나는 아침형 인간이 아니기 때문에 이것을 웃기게 생각한다.

WORDS & EXPRESSIONS

• call 부르다

• later 나중에

• morning person 아침형 인간

친절한 승익쌤

, which는 '그리고 그것은' 정도로 해석하면 된답니다. #관계대명사 #계속적 용법으로 검색하면 추가적인 내용을 알 수 있을 거예요.

My
Diary

Q012

What do you think of cliques in school?

학교 내에 있는 또래 집단들에 대해서 어떻게 생각하나요?

Sample Diary

I think the formation of cliques in schools is very natural. The problem begins, however, when the situation becomes extreme and conflicts between cliques arise. Cliques are harmless when students don't obsess over them.

나는 또래 집단들의 형성은 매우 자연스러운 것이라고 생각한다. 하지만 상황이 극단적으로 되어 집단들 사이에 갈등이 일어날 때 문제가 생긴다. 학생들이 집단에 집착하지 않는 한 또래 집단들은 무해하다.

WORDS & EXPRESSIONS

• formation 형성

• clique 패거리

• arise 일어나다

• obsess 집착하다

• harmless 무해한

친절한 승익쌤

I think that 다음에 문장을 사용해서 자신이 생각하는 바를 나타낼 수 있어요. 이때 that은 생략해도 됩니다.

My
Diary

Q013

Would you want to be famous?

당신은 유명해지길 바랍니까?

Sample Diary

I would want to be famous, but not for no reason. Instead, I would want to be talented enough at something to be famous. Unfortunately, I have yet to discover that talent.

나는 내가 유명했으면 싶지만, 아무런 이유 없이 유명하고 싶지는 않다. 그 대신에 내가 유명해질 정도의 재능이 있었으면 좋겠다. 불행하게도 그 능력을 아직 발견하지 못했다.

WORDS & EXPRESSIONS

- famous 유명한

- instead 대신에

- be talented 재능이 있다

- unfortunately 불행하게도, 유감스럽게도

- discover 발견하다

> 친절한 승익쌤
>
> enough는 형용사나 부사 다음에 써서 '충분한' 이라는 의미를 나타내요. rich enough, fast enough 같이 사용해요.

My
Diary

What is your special talent?

당신의 특별한 재능은 무엇인가요?

Sample Diary

My special talent is bonding with people. I like meeting various people and learning about them. Good or bad, I think every social interaction I have is unique and meaningful.

나의 특별한 재능은 사람들과 교감하는 것이다. 다양한 사람들을 만나고 그들에 대해서 배우는 것이 좋다. 좋건 나쁘건 내가 경험하는 모든 사회적 상회작용들은 독특하고 의미가 있는 것 같다.

WORDS & EXPRESSIONS

- bonding 교감
- various 다양한
- interaction 상호작용
- unique 독특한
- meaningful 의미 있는

친절한 승아쌤

like 다음에는 '동사ing' 'to 동사' 2가지 형태를 모두 사용할 수 있어요. 다만 평소에 무언가를 좋아한다는 것을 표현할 때는 '동사ing'를 사용해요.

My
Diary

What is your favorite movie?

당신이 가장 좋아하는 영화는 무엇인가요?

Sample Diary

My favorite movie is the Disney film "Up." I love it because the animations are adorable and vibrant. Also, the storyline is very touching.

내가 가장 좋아하는 영화는 디즈니 영화인 〈Up〉이다. 나는 이 영화의 애니메이션이 사랑스럽고 활기차서 좋다. 또한 줄거리가 매우 감동적이다.

WORDS & EXPRESSIONS

- adorable 사랑스런
- vibrant 활기찬, 생명이 넘치는
- storyline 줄거리
- touching 감동적인

친절한 승익쌤

touch는 '만지다'라는 의미지만, '감동시키다'라는 의미도 있답니다.

My
Diary

What color makes you happy?

무슨 색깔이 당신을 행복하게 하나요?

The color yellow makes me happy. I think it's because it reminds me of warmth. Perhaps that's why yellow is associated with the sun, joy, radiance, and happiness.

노란색이 나를 행복하게 만든다. 노란색이 따뜻함을 생각나게 해서인 것 같다. 그래서 노란색이 태양, 기쁨, 빛, 그리고 행복과 연관되는 것일 수도 있다.

WORDS & EXPRESSIONS

• remind 생각나게 하다

• warmth 따뜻함

• perhaps 아마도

• be associated with ~와 관련되다

• radiance 빛, 광채

친절한 송이쌤

make는 꽤 사용하기 어려운 동사예요. '~을 ~하게 만들다'라는 의미를 가지고 있어요. make me happy의 형태를 통째로 익히세요.

My Diary

Who is your favorite teacher?

당신이 가장 좋아하는 선생님은 누구인가요?

Sample Diary

My favorite teacher is Mrs. Harrison from the second grade. I remember how she always encouraged us to be kind to everyone. She also gave us treats quite often.

내가 가장 좋아하는 선생님은 2학년 때의 Mrs. Harrison이다. 그녀는 우리에게 항상 모든 사람들에게 친절하라고 독려하셨다. 또한 우리에게 간식을 자주 주셨다.

WORDS & EXPRESSIONS

• favorite 가장 좋아하는

• remember 기억하다

• encourage 격려하다, 장려하다

• treats 선물, 간식

• often 자주

친절한 송이쌤

encourage는 대부분의 경우 encourage A to B 의 형태로 사용합니다.

My
Diary

What is your earliest memory?

당신의 가장 어릴 적 기억으론 어떤 것이 있나요?

Sample Diary

My earliest memory is of my family hanging out in the living room. I was sitting on the carpet. My older sister was wearing a turquoise shirt and we were watching the cartoon Anastasia. My parents were sitting on the sofa.

나의 가장 어릴 적 기억은 가족이 거실에서 쉬는 기억이다. 나는 카펫에 앉아 있었다. 언니는 청록색 티셔츠를 입고 있었고, 우리는 Anastasia라는 만화를 보고 있었다. 부모님은 소파에 앉아계셨다.

WORDS & EXPRESSIONS

• memory 기억

• hang out 시간을 보내다

• carpet 카펫

• turquoise 청록색

친절한 승익쌤

was/were + 동사ing의 형태를 사용해서 '과거에 진행'되고 있던 일들을 나타낼 수 있어요.

Sample Diary를 따라 써보세요

My Diary

Are you scared of dying? Why?

당신은 죽는 것이 두렵나요? 그 이유는 무엇인가요?

Sample Diary

I am afraid to die. First and foremost, I think it's instinct to be afraid of death as a living organism. Secondly, I'm afraid because nobody knows for sure what happens after we kick the bucket.

나는 죽는 것이 두렵다. 일단 생물로서 죽음을 두려워하는 것은 본능인 것 같다. 두 번째로는 우리가 죽고 나서 어떤 일이 일어나는지 아무도 확실히 모르기 때문에 죽음이 두렵다.

WORDS & EXPRESSIONS

• first and foremost 다른 무엇보다도 더

• instinct 본능

• organism 생물

• happen 일어나다, 발생하다

• kick the bucket 죽다

친절한 승이쌤

nobody를 주어로 문장을 작성하면 문장은 부정이 된답니다. nobody knows는 '아무도 모른다'라는 의미예요.

My
Diary

Have you ever been abroad?

당신은 해외로 가본 적이 있나요?

Sample Diary

I went abroad last year to visit New York City in the United States. There were many skyscrapers there. It was interesting to experience the culture of such a different city.

나는 작년에 해외로 나가서 미국에 있는 뉴욕시티를 방문했다. 그곳에는 많은 고층건물들이 있었다. 너무나 다른 도시의 문화를 경험하는 것은 흥미로웠다.

WORDS & EXPRESSIONS

• go abroad 해외로 나가다

• skyscraper 고층건물

• experience 경험하다

• culture 문화

친절한 승아쌤

주어가 너무 길 때는 it이라는 가짜주어를 쓰고, 진짜 주어는 뒤로 보낸답니다. Sample Diary의 마지막 문장처럼요.

My
Diary

Q 021

What do you think of bullying?

당신은 학교폭력에 대해서 어떻게 생각하나요?

Sample Diary

Bullying, in my opinion, is absolutely unacceptable. I understand that not everyone might be your cup of tea. However, that does not excuse mean or cruel behavior.

내 생각에는 학교폭력은 절대적으로 용납할 수 없는 것이다. 모든 사람이 맘에 들 순 없다는 것은 이해한다. 그래도 그것은 못되거나 잔혹한 행동들의 핑계가 되지 않는다.

WORDS & EXPRESSIONS

• unacceptable 받아들일[용납할/인정할]

  수 없는

• be one's cup of tea 기호[취미]에 맞는

  사람[물건]

• excuse 변명하다, 변명[이유]이 되어주다

• cruel 잔혹한, 잔인한

친절한 승어쌤

not everyone은 '모두 그
런 것은 아니다'라는 의
미를 나타내요. #부분 부
정이라고 부르죠.

My
Diary

Do you think it's okay to lie?

당신은 거짓말하는 것이 괜찮다고 생각하나요?

Sample Diary

I think it depends on the situation. I think it's acceptable to tell harmless lies, for example making up a story to a child to explain their pet's death. However, most lies have repercussions, and it is important to remember so.

상황에 따라 다른 것 같다. 아이에게 애완동물의 죽음을 설명하기 위해서 이야기를 짓는 것 같이 무해한 거짓말은 용납할 수 있다고 생각한다. 하지만 대부분의 거짓말에는 그에 따르는 영향이 있기 때문에 그 사실을 기억하는 것이 중요하다.

WORDS & EXPRESSIONS

• depends on ~에 달려 있다

• acceptable 용납할 수 있는

• make something up 지어[만들어]내다

• repercussion (어떤 사건이 초래한, 보통 좋지 못한, 간접적인) 영향

친절한 승의쌤

to 동사는 목적을 나타내기 위해서 사용할 수 있어요. to explain은 '설명하기 위해서'예요.

My
Diary

Have you ever stolen anything?

당신은 무언가를 훔친 경험이 있나요?

I have never particularly stolen anything. I "steal" my sister's jackets quite often, but I would rather call that "borrowing." Although she would disagree, I wouldn't say it's a felony.

나는 특별히 무언가를 훔친 적이 없다. 나는 언니의 자켓을 자주 훔치지만 나는 그것을 차라리 빌리는 것이라고 부르고 싶다. 언니는 다른 의견을 가지겠지만 나는 그것이 흉악한 범죄는 아니라고 본다.

WORDS & EXPRESSIONS

• particularly 특히, 특별히

• borrow 빌리다

• disagree 의견이 다르다, 동의하지 않다

• felony 중죄, 흉악 범죄

친절한 승익쌤

although는 '~임에도 불구하고'라는 의미랍니다. 같은 의미로는 though, even though가 있어요.

My
Diary

How important is family to you?

당신에게 가족은 얼마나 중요한가요?

I would argue that family is the most important thing in my life. Individually, we are not perfect people, but we are great as a family. We have our ups and downs, but most of the time we love and support each other fully.

나는 가족이 내 인생에서 가장 중요한 것이라고 주장한다. 각각 따로 볼 때 우리는 완벽한 사람들이 아니지만 가족으로서는 정말 좋다. 우여곡절이 있지만 대부분의 경우에는 서로를 완전히 사랑하고 지지한다.

WORDS & EXPRESSIONS

- argue 주장하다, 논증하다
- individually 개별적으로, 각각 따로
- ups and downs 좋다가 나쁘다가 하는
- support 지지하다

친절한 승익쌤

the most important는 '가장 중요한'이라는 의미예요. 형용사의 #최상급이라고 부른답니다.

My Diary

Q 025

What would be your perfect day?

당신에게 완벽한 하루란 어떤 것인가요?

Sample Diary

On my perfect day, I would sleep in. I would enjoy a light breakfast, watch my favorite tv shows, and then take a short nap. I would meet my friends for a scrumptious dinner and come back home to snuggle in my warm sheets.

나의 완벽한 하루에 나는 늦잠을 잘 것이다. 가벼운 아침식사를 즐기고, 제일 좋아하는 tv 프로그램들을 보고, 짧은 낮잠을 잘 것이다. 맛있는 저녁을 친구들과 함께 먹고, 따뜻한 이불 속에서 뒹굴기 위해서 집으로 돌아올 것이다.

WORDS & EXPRESSIONS

• sleep in 늦잠자다

• scrumptious 아주 맛있는

• snuggle 달라붙다, 다가붙다, 뒹굴다

친절한 승이쌤

light하게 식사를 하는 건 가볍게 먹는 거예요. 반면에 heavy는 많이 먹는 것을 말해요.

My
Diary

How do you feel about swearing?

당신은 욕하는 것에 대해서 어떻게 생각하나요?

Sample Diary

I try my hardest not to swear because I know it is not pleasant to hear. However, in certain situations, I cannot help but cuss out of frustration. My friends and I tried to make a 'swear jar', where we would put in some money every time we swore, but that project ended up failing.

듣기 안 좋은 것을 알고 있기 때문에 나는 욕하지 않으려고 최선을 다한다. 하지만 어떤 상황에서는 너무 불만스러워서 욕할 수밖에 없다. 친구들과 나는 욕할 때마다 돈을 조금 넣는 'swear jar'를 만들려고 했지만 그 프로젝트는 결국 실패했다.

WORDS & EXPRESSIONS

- try one's hardest 전력을 다하다
- pleasant 쾌적한, 즐거운, 기분 좋은
- cuss 욕하다
- frustration 불만, 좌절감
- jar 병

친절한 승익쌤

cannot help but + 동사는 일종의 숙어로 '~하지 않을 수 없다'라는 의미예요.

Sample Diary를 따라 써보세요

My Diary

What's your scariest nightmare?

당신이 꾼 최악의 악몽은 무엇인가요?

Sample Diary

Last night, I had a dream that I was locked in a dark bathroom stall. I kept on trying to get out to no avail. I woke up to myself yelling, "Help!" when I felt a hand grab my calf.

어젯밤에 나는 어두운 화장실 칸에 갇힌 꿈을 꿨다. 나가려고 계속 애를 썼지만 그 노력은 헛되었다. 어떤 손이 나의 종아리를 잡는 것을 느끼고 나는 내가 "Help!"라고 외치는 소리에 잠이 깼다.

친절한 승이쌤

Sample Diary 첫 문장의 that 이하는 dream의 내용을 알려주고 있어요. #동격의 that이라고 부른답니다.

My Diary

What do you enjoy doing for fun?

당신이 재미로 하는 활동에는 무엇이 있나요?

Sample Diary

For fun, I usually meet my friends. It doesn't really matter what we do, because I know for sure that I can have fun as long as I'm with them. Usually we enjoy a meal or go to art exhibitions together.

재미를 위해서 나는 보통 친구들을 만난다. 그들과 함께라면 재미있는 시간을 보낼 수 있다는 것을 알고 있기 때문에 우리가 무얼 하는지는 별로 중요하지 않다. 주로 식사를 같이 하거나 미술 전시회에 같이 간다.

WORDS & EXPRESSIONS

• matter 중요하다

• as long as ~이기만[하기만] 하면

• enjoy a meal 식사를 즐기다, 즐겁게 식사하다

• exhibition 전시회

친절한 승아쌤

usually를 이용하면 '보통, 대개' 일어나는 일들을 나타낼 수 있어요.

My Diary

Who do you think knows you best?

당신을 가장 잘 아는 사람은 누구라고 생각하나요?

Sample Diary

I think my boyfriend knows me best. He is one of the few people to whom I can be completely honest and myself with and he is the only person who knows exactly what to do when I'm feeling down. Hint: good food.

나의 남자친구가 나를 제일 잘 아는 것 같다. 나의 본 모습을 보여주고 솔직하게 대할 수 있는 몇 안 되는 사람 중 하나이고, 나의 기분이 꿀꿀할 때 어떻게 대처해야할지 아는 유일한 사람이다. 힌트는 맛있는 음식이다.

WORDS & EXPRESSIONS

- honest 솔직한
- be yourself 자연스럽게 행동하다
- exactly 정확하게
- feel down 마음이 울적하다

친절한 승익쌤

myself는 '나 자신'을 나타낸답니다.
yourself, himself, herself, ourselves, themselves의 형태도 익혀두세요.

My Diary

Have you ever cheated on a test?

당신은 시험에서 부정행위를 해본 적이 있나요?

Sample Diary

I have never cheated on a test. First of all, I would feel too guilty about it because I feel like it would be unfair to the students who have actually prepared for the exam. Secondly, I would be way too paranoid of getting caught- it's not worth the risk.

나는 시험에서 부정행위를 해본 적이 없다. 첫 번째 이유로는 실제로 시험 준비를 한 학생들에게 불공평하다는 생각에 죄책감이 들 것 같아서다. 두 번째 이유로는 혹시 걸릴까봐 걱정을 지나치게 할 것 같아서이다. 그런 위험을 무릅쓸 가치가 없다고 생각한다.

WORDS & EXPRESSIONS

• feel guilty 죄책감을 느끼다

• paranoid 피해망상적인, 편집증적인

• be worth ~의 가치가 있다

친절한 승의쌤

have + p.p.의 형태는 과거의 경험을 나타낼 수 있어요. #현재완료 시제라고 부른답니다.

My
Diary

What do you think about politics?

당신은 정치에 대해서 어떻게 생각하나요?

Sample Diary

I used to think politics were too complicated to get involved in. However, now I believe that political awareness and participation is very important because I've realized that politics impact virtually every aspect of our lives. These days I've been making more of an effort to keep up with political issues and events.

예전에 나는 정치는 참여하기에는 너무 복잡한 것이라고 생각했었다. 하지만 정치가 사실상 우리 인생의 모든 방면에 영향을 끼친다는 것을 깨닫고 나서는 정치의식과 참여가 매우 중요하다고 생각한다. 요즘 나는 정치 이슈와 사건들에 대해 알려고 노력을 더 기울이고 있다.

WORDS & EXPRESSIONS

- complicated 복잡한
- awareness 의식
- virtually 사실상, 거의
- aspect 측면

친절한 승익쌤

used to + 동사는 과거의 습관, 상태를 나타낼 수 있어요. '지금은 더 이상 그러지 않는다'라는 의미도 포함되어 있어요.

My
Diary

Q 032

Do you want to have kids one day?

당신은 언젠간 아이를 기르고 싶나요?

Sample Diary

To be honest, I haven't given it much thought. Although I do love children, my decision on whether I will want kids depends on what my life is like at the time. Until then, I think I'll delay the thought.

솔직히 이야기하지만 나는 생각을 별로 해보지 않았다. 아이들을 정말 좋아하긴 하지만 내가 아이를 기르고 싶을지에 대한 결정은 그때 당시 나의 인생이 어떤 지에 따라 달려있는 것 같다. 그때까지는 이 고민을 미뤄야겠다.

WORDS & EXPRESSIONS

- to be honest 솔직히 말하자면
- decision 결정
- delay 미루다, 연기하다

친절한 승익쌤

whether은 '~인지 아닌 지'라는 의미예요. 불확실한 내용과 함께 사용합니다.

My Diary

How do you want to be remembered?

당신은 어떻게 기억되고 싶나요?

Sample Diary

I want to be remembered as someone who was lovable and charming. I want to be remembered as intelligent and successful. Alas, I need to become all of these things first to be remembered as them.

나는 사랑스럽고 매력이 있는 사람으로 기억되고 싶다. 똑똑하고 성공적인 사람으로 기억되고 싶다. 애석하게도 이렇게 기억되고 싶으면 먼저 이 모든 것이 되어야 한다.

WORDS & EXPRESSIONS

• lovable 사랑스러운

• charming 매력적인

• successful 성공한, 성공적인

• alas (슬픔·유감을 나타내는 소리) 아아,

애석하게도

친절한 승익쌤

to be remembered라는 표현은 '수동'의 느낌이 더해져 '기억되다'라는 의미예요.

My Diary

What's your favorite game to play?

당신이 가장 즐기는 게임은 무엇인가요?

Sample Diary

My favorite game is Mario Cart. I don't have a driver's license, because I usually use public transportation. Mario Cart is fun because it lets me feel like I am driving in another, more colorful world.

내가 가장 좋아하는 게임은 마리오 카트다. 나는 주로 대중교통을 이용하기 때문에 운전면허가 없다. 마리오 카트는 형형색색의 새로운 세상에서 운전하는 느낌을 주기 때문에 재미있다.

WORDS & EXPRESSIONS

- driver's license 운전면허증
- public transportation 대중교통
- feel like ~하는 느낌이 들다

친절한 수익쌤

let은 '~가 ~하도록 허용하다, 가능하게 하다'라는 의미예요. 대표적인 #5형식 동사랍니다.

My Diary

What are your goals for this year?

당신의 올해 목표는 무엇인가요?

This year, I am going to try my hardest to keep busy. For the past two years, I have been taking a "break." The break has been nice, but now I feel very passive and lethargic.

올해 나는 바쁘게 살 수 있도록 최선을 다할 것이다. 지난 2년 동안 나는 휴식을 가졌었다. 휴식이 좋았지만 이제는 내가 수동적인 것 같고 마음이 무기력하게 느껴진다.

WORDS & EXPRESSIONS

• passive 수동적인, 소극적인

• lethargic 무기력한

친절한 승익쌤

be going to + 동사는 미래의 일을 나타낼 수 있어요.

My
Diary

Q 036

Do you consider yourself a leader?

본인은 스스로 리더라고 생각하나요?

Rather than considering myself a leader, I would say that I have some experience in leader positions. It is through these experiences that I was able to learn and practice some leadership capacities. Maybe in the future there will be a need to utilize these abilities once more.

나는 스스로를 리더라고 생각하기보단 리더의 자리에 선 경험이 있다고 얘기할 것이다. 이런 경험을 통해서 리더의 자질들을 배우고 연습할 수 있었다. 미래에 이런 능력들을 한 번 더 활용할 때가 올 수도 있겠다.

WORDS & EXPRESSIONS

• consider (~을 ~로) 여기다

• capacities 능력

• utilize 활용하다

친절한 승의쌤

It is through these experiences that 이 부분에서 it is-that을 이용해서 through these experiences을 강조한 거랍니다.

What do you do you think

My Diary

What do you do when you feel bored?
당신은 심심하다고 느껴질 때 무엇을 하나요?

Sample Diary

When I'm bored, I like watching TV shows. The various storylines distract me from my boredom. These days, I've been enjoying crime shows.

나는 심심할 때 TV프로그램을 보는 것을 즐긴다. 다양한 줄거리들이 나를 지루하지 않게 해준다. 요즘은 범죄드라마를 즐겨보고 있다.

WORDS & EXPRESSIONS

- storylines 줄거리
- distract 주위를 다른 곳으로 돌리다
- boredom 지루함, 따분함

친절한 승이쌤

내가 지루할 때는 I'm bored라고 표현해요. I'm boring이 아닌 것 알죠?

My
Diary

Do you feel like you procrastinate sometimes?

본인은 가끔 일을 미룬다고 생각하나요?

Sample Diary

I know for a fact that I procrastinate, especially if the task I have to do seems too monumental to finish or even begin. For school assignments, I usually like thinking about the task for a couple of days before beginning it. I find that this gives me a better sense of direction when doing the assignment.

나는 내가 해야 할 일이 끝내거나 혹은 시작하기에 너무 버겁다고 느껴질 때 특히 미룬다는 사실을 알고 있다. 학교 과제를 할 때에는 주로 시작하기 전에 며칠 동안 과제에 대해서 미리 생각하는 것을 좋아한다. 이렇게 한다면 과제를 할 때 방향성을 찾기가 더 쉽다는 것을 느꼈다.

WORDS & EXPRESSIONS

- procrastinate (해야 할 일을 보통 하기가 싫어서) 미루다
- monumental 엄청난, 대단한
- sense of direction 방향감각

친절한 승익쌤

마지막 when doing the assignment 이 부분은 #분사구문이라고 불러요. 문장에 의미를 더해 준답니다.

My
Diary

What are you proud of yourself for?

당신은 스스로 어떤 점이 자랑스럽나요?

Sample Diary

I'm proud that I am capable of developing strong relationships with other people. Whenever I think about my friends or the people surrounding me in general, I am grateful to be close to such amazing, supportive people. I'm proud that I have made a great support system for myself over the past years.

나는 다른 사람들과 좋은 인간관계를 만들 수 있는 능력을 자랑스럽게 생각한다. 내 친구들이나 내 주위의 사람들을 전체적으로 생각해볼 때, 너무 멋지고 나에게 힘이 되는 사람들과 가까운 것이 감사하게 느껴진다. 지난 몇 년 동안 나를 지지해주는 사람들과 관계를 만들고 유지한 것이 자랑스럽다.

WORDS & EXPRESSIONS

• be capable of ~할 능력이 있는

• develop 성장[발달]하다[시키다]

• in general 전반적으로

• supportive 지원하는, 도와주는, 힘을 주는

친절한 승익쌤

people surrounding me in general 이 부분에서 surrounding me in general이 people을 꾸며주고 있답니다. #현재분사라고 불러요.

My
Diary

Do you think curfews are necessary?

당신은 통금시간이 필요하다고 생각하나요?

Sample Diary

I think this depends on the person. If the child is young and prone to be attracted to potentially dangerous situations, curfews are necessary. Otherwise, as long as parents trust their kids, I don't see why there should be curfews.

이것은 사람에 따라 다르다고 생각한다. 아이가 어리고 잠재적으로 위험할 수 있는 상황들에 끌릴 확률이 높다면 통금시간이 필요하다. 그렇지 않은 경우에는 부모님이 아이를 믿기만 한다면 굳이 통금시간이 있어야 할 이유는 없다고 생각한다.

WORDS & EXPRESSIONS

• depend on ~에 달려 있다

• be prone to ~하기 쉽다

• be attracted to ~에 (마음이) 끌리다

• potentially 가능성 있게, 잠재적으로

• as long as ~하는 한

친절한 승익쌤

통금시간을 영어로는 curfew라고 표현한답니다.
otherwise는 '그렇지 않으면'이라는 의미예요.

My Diary

What really makes you angry and why?

당신을 정말 화나게 하는 것은 무엇이고, 그 이유는 무엇인가요?

Sample Diary

It makes me angry when people litter on the street. People usually do it because they are too lazy to find a trash can, and their selfish laziness annoys me. Who do they expect will clean it up?

나는 사람들이 길가에 쓰레기를 버릴 때 화가 난다. 사람들은 보통 쓰레기통을 찾기 귀찮아서 그러는데, 그 이기적인 게으름이 나를 짜증나게 한다. 그 쓰레기를 누가 치우길 기대하는 걸까?

WORDS & EXPRESSIONS

- litter (쓰레기 등을) 버리다
- selfish 이기적인
- laziness 게으름
- annoy 짜증나게 하다

친절한 승익쌤

make me angry는 '나를 화나게 만들다'라는 의미예요. 행복하게 만들면? make me happy!

My
Diary

What animal represents you the best?

어떤 동물이 당신을 가장 잘 상징하나요?

Sample Diary

I think dolphins represent me the best. They have bubbly personalities and enjoy socializing, just like me. One crucial difference, though, is that I can't swim.

돌고래가 나를 가장 잘 상징하는 것 같다. 돌고래들은 나처럼 쾌활한 성격을 가졌고, 사람들과 어울리는 것을 좋아한다. 한 가지 큰 차이점은 내가 수영을 못한다는 것이다.

WORDS & EXPRESSIONS

• represent 표현하다, 상징하다

• bubbly 명랑한, 쾌활한

• socialize (사람들과) 사귀다, 어울리다, 교제하다

• crucial 중대한, 결정적인

친절한 승이쌤

though는 '~임에도 불구하고'라는 의미예요. 문장의 앞에도 쓸 수 있고, 중간에도 사용할 수 있어요.

Sample Diary를 따라 써보세요

My Diary

Do you have any bad habits?

당신이 가지고 있는 나쁜 습관들이 있나요?

Sample Diary

One bad habit I have is being cranky when I'm hungry. People call this being "hangry," which is a combination of the words hungry and angry. I think I am mean to people whenever I'm too hungry, and I want to fix this.

내가 가지고 있는 나쁜 습관들 중 하나는 배고플 때 짜증을 내는 것이다. 사람들은 이것을 hungry와 angry의 결합체인 "hangry"라고 부른다. 나는 너무 배가 고플 때 사람들에게 못되게 구는 것 같아서 이 습관을 고치고 싶다.

WORDS & EXPRESSIONS

• cranky 짜증을 내는

• combination 조합[결합](물)

> **친절한 승익쌤**
>
> One bad habit I have 에서 I have는 One bad habit을 꾸며주고 있답니다. 사이에 that이 생략된 거예요.

My
Diary

Q 044

What's the best meal you've ever had?

당신이 먹어본 최고의 식사는 무엇이었나요?

Sample Diary

The best meal I've ever had is when I went camping with my family. We had barbecue and grilled vegetables. For dessert we had s'mores.

내가 먹어본 최고의 식사는 가족들과 캠핑을 갔을 때 먹었던 것이다. 우리는 바비큐와 구운 채소들을 먹었다. 저녁으로는 스모어를 먹었다.

WORDS & EXPRESSIONS

• barbecue 숯불구이

• grilled 구운

• s'mores 크래커에 녹인 초콜릿과 마시멜로를 곁들인 후식, 흔히 캠핑 갈 때 먹음

친절한 승익쌤

The best meal I've ever had에서 I've ever had는 The best meal을 꾸며주고 있어요.

My
Diary

What do you think makes a good friend?

당신은 좋은 친구의 조건이 무엇이라고 생각하나요?

Good friends are people you can have a good time with. They are people who are there for support when you're having a hard time. They are people who you wouldn't hesitate to do these same things for.

좋은 친구는 좋은 시간을 함께 보낼 수 있는 사람들이다. 힘든 시간을 보내고 있을 때 너를 지지해주기 위해서 함께 있어주는 사람들이다. 그 친구들은 네게 이와 같이 하기를 망설이지 않을 그런 사람들이다.

WORDS & EXPRESSIONS

• be there for somebody (위로·도움이

필요할 때) ~를 위해 있다

• hesitate 망설이다

친절한 승익쌤

people you can have a good time with에서 you can have a good time with는 people을 꾸며주고 있어요. 굉장히 많이 쓰는 패턴이랍니다.

My
Diary

Which family member are you most like?

당신은 가족 구성원 중 누구랑 가장 비슷한가요?

Sample Diary

People say I look like my mom. I do, but my personality resembles my dad more. Weirdly enough, in some aspects, our personalities are completely different.

사람들은 내가 엄마를 닮았다고 한다. 그렇긴 하지만 성격은 아빠와 더 비슷하다. 이상하게도 어떤 측면에서는 우리 가족의 성격은 완전 다르다.

WORDS & EXPRESSIONS

- resemble 닮다. 비슷[유사]하다

- weirdly enough 이상하게도

- aspect 측면

친절한 승익쌤

look like는 '~를 닮았다'라는 표현이에요.
You look like your mother. (너는 너의 엄마를 닮았구나.)

My
Diary

Is family meal time with you important?

당신에게 가족들과 함께 식사하는 것이 중요한가요?

Sample Diary

Family meal time, especially dinner, is very important to me. It's a rare time of the day when all of us can spend quality time amidst our busy schedules. If we didn't emphasize family dinners, my family would never have time with each other.

가족들과 식사하는 것은 (그중에 특히 저녁 식사는) 나에게 매우 중요하다. 바쁜 스케줄 가운데 함께 뜻깊은 시간을 보낼 수 있는 하루 중의 귀한 시간이다. 가족 저녁 식사를 강조하지 않았다면 우리 가족은 함께 시간을 보낼 수 없었을 것이다.

WORDS & EXPRESSIONS

- quality time 귀중한 시간

- amidst (=amid) 가운데, 중에

- emphasize (중요성을) 강조하다

친절한 승익쌤

마지막 문장은 약간의 #가정법이 더해진 문장인데, 현실의 반대 상황을 가정해보는 거랍니다.

My
Diary

Have you ever lied to your best friend?

당신은 가장 친한 친구에게 거짓말한 적이 있나요?

Sample Diary

I'm pretty sure I have at some point in our 7-year friendship, but I don't remember. What I am absolutely sure about is that if I did lie, it was a petty one. The reason why I know it was petty is because it hasn't affected our relationship yet.

7년 동안의 우정을 유지하면서 어떤 시점에는 내가 거짓말을 했을 거라고 어느 정도 확신은 하지만 기억이 나지 않는다. 정말 확실하게 아는 것은 내가 만약 거짓말을 했다면 사소한 거짓말이었다는 것이다. 내가 이것이 사소했을 거라는 걸 아는 이유는 그것이 우리의 관계에 아직 영향을 끼치지 않았기 때문이다.

WORDS & EXPRESSIONS

• be pretty sure 어느 정도 확신하다

• petty 사소한, 하찮은

• relationship 관계

친절한 승아쌤

pretty는 '예쁘다'는 의미도 있지만, '어느 정도, 꽤'라는 의미도 있답니다.

My
Diary

What is the last thing you cried about?

당신이 가장 최근에 울었던 적은 언제였나요?

Sample Diary

The most recent time I cried was when I dropped off my boyfriend at the airport. He was going back to Canada where he lives. I was very sad because I would not be able to see him again for another three months.

내가 가장 최근에 운 것은 남자친구를 공항에 데려다줬을 때이다. 그가 사는 캐나다로 돌아가는 것이었다. 앞으로 3개월 동안 보지 못할 것이라서 나는 매우 슬펐다.

WORDS & EXPRESSIONS

• recent 최근의

• drop off 데려다주다, 맡기다

• be able to ~이 가능한

친절한 승이쌤

when은 '~하는 때'라는 의미로 쓰일 수 있어요. 다음에 문장을 이어서 사용해요.

My Diary

Who's your favorite band or solo artist?

당신이 가장 좋아하는 밴드나 솔로 아티스트는 누구인가요?

My favorite solo artist is Chance the Rapper. Not only is his music extremely catchy, but his lyrics are simply breathtaking. It's amazing how every line in his songs is meaningful.

내가 가장 좋아하는 솔로 아티스트는 Chance the Rapper이다. 그의 음악은 기억하기 쉬울 뿐만 아니라 가사 역시 숨이 멎을 정도로 아름답다. 그의 곡들의 모든 가사에 의미가 있는 것이 대단하다.

WORDS & EXPRESSIONS

• catchy 음악이나 광고 문구가 기억하기 쉬운

• breathtaking (너무 아름답거나 놀라워서) 숨이 막히는

• meaningful 의미 있는, 중요한

친절한 승이쌤

Not only A but (also) B 는 'A 뿐만 아니라 B도' 라는 의미예요. 이때 also 는 자주 생략된답니다.

My
Diary

Q051

What music makes you particularly happy?

어떤 음악이 당신을 행복하게 만드나요?

Sample Diary

I really enjoy listening to jazz music. Something about it is very comforting to listen to. Also, its complexity makes the music feel new every time.

나는 재즈 음악을 듣는 것을 정말 좋아한다. 재즈 음악을 들으면 마음이 편해지는 무언가가 있다. 또한 음악의 복잡성이 들을 때마다 새로운 느낌이 들도록 한다.

WORDS & EXPRESSIONS

• comforting 위로가 되는

• complexity 복잡성, 복잡함

친절한 승익쌤

makes the music feel new every time 이 부분 해석되셨나요? #5형식 동사 make를 확실하게 잡아야 한답니다.

My
Diary

What do you want to be in the future?

당신은 미래에 어떤 일을 하고 싶나요?

Sample Diary

In the future, I'd like to be a lawyer. I know that it will be a challenging job, but I feel like it would provide me with many doors of opportunities. I know I can do well.

미래에 나는 변호사가 되고 싶다. 쉽지 않은 직업이라는 것은 알지만 나에게 많은 기회의 문들을 제공해줄 것 같다. 내가 잘 할 수 있을 것 같다.

WORDS & EXPRESSIONS

• challenging 도전적인, 도전 의식을 북돋우는

• provide 제공하다

• opportunity 기회

My
Diary

Q 053

Have you ever been made fun of at school?

당신은 학교에서 놀림당한 적이 있나요?

Sample Diary

I was made fun of at school when I was in middle school. I had cut bangs for the first time. The problem was that I had very curly hair and my bangs were quite a mess; I was so embarrassed.

나는 중학교 때 학교에서 놀림당한 적이 있다. 처음으로 앞머리를 잘랐을 때였다. 문제는 나의 머리카락은 곱슬머리였고, 앞머리가 엉망이었던 것이다. 나는 너무 창피했다.

WORDS & EXPRESSIONS

- make fun of ~를 놀리다
- bangs 앞머리
- be embarrassed 부끄러워하다

친절한 송익쌤

세미콜론(;)은 두 문장이 긴밀하게 연결될 때 사용해요. 마침표(.)보다 두 문장이 가깝게 느껴집니다. 대시(–)는 추가적인 내용을 보충할 때 주로 사용합니다.

My
Diary

What are the advantages of being a teen?

10대의 장점은 무엇인가요?

Sample Diary

The advantage of being a teen is energy. As long as we have strong motivation, we can do anything. We're able to go on and on and on.

10대의 장점은 에너지이다. 강한 동기가 있는 한 우린 무엇이든 할 수 있다. 끊임없이 무언가를 할 수 있다.

WORDS & EXPRESSIONS

• advantage 장점

• as long as ~이기만[하기만] 하면

• motivation 동기 부여

친절한 승희쌤

영어에서 on은 '지속, 계속'의 의미가 있어요. 영화 〈타이타닉〉의 주제가인 'My heart will go on'이 세계적인 인기를 끌었었죠.

My
Diary

Q055

How long have you gone without showering?

가장 오랫동안 샤워를 안 한 기간은 얼마인가요?

Sample Diary

The longest I've gone without showering is four days. When I was a kid, my family went camping together in the winter and the only water available was as cold as ice. We were all reluctant to shower and ended up going to a hotel, cutting the trip a day short.

내가 샤워를 안 한 가장 긴 기간은 4일이다. 어렸을 때 겨울에 가족이 함께 캠핑을 갔는데, 사용 가능한 물이 얼음장 같이 차가웠다. 모두가 샤워하는 것을 망설였고, 결국 캠핑을 하루 일찍 끝내고 호텔로 갔다.

WORDS & EXPRESSIONS

- reluctant 꺼리는, 마지못한, 주저하는
- end up 결국 (어떤 처지에) 처하게 되다
- cut short 갑자기 끝내다

친절한 승익쌤

long은 '긴', longer은 '더 긴', longest는 '가장 긴' 이라는 의미를 나타낸답니다. the를 붙여서 사용합니다.

My
Diary

Q 056

Have you ever had a crush on anyone?

당신은 누군가를 좋아해본 적이 있나요?

Sample Diary

I remember I had my first crush when I was in kindergarten. I liked a boy named Joey. He had blonde hair and blue eyes, and he was always very kind.

나는 유치원 때 누군가를 처음 좋아했던 기억이 있다. Joey라는 남자아이를 좋아했었다. 그는 금발에 파란색 눈을 가졌고, 항상 친절했다.

WORDS & EXPRESSIONS

• crush 강력한 사랑, 홀딱 반함

• kindergarten 유치원

• blonde 금발인

친절한 승익쌤

named는 a boy를 꾸며 주고 있어요. #과거분사 라고 부른답니다. 동사가 'p.p.'의 형태로 명사를 꾸며줄 수 있어요.

My
Diary

What's your favorite Disney movie and why?

당신이 가장 좋아하는 디즈니 영화는 무엇이고, 그 이유는 무엇인가요?

Sample Diary

My favorite Disney movie is Peter Pan. I love all of the songs that are in it, and the story is so magical. Everything about it makes me feel so nostalgic.

내가 가장 좋아하는 디즈니 영화는 〈피터팬〉이다. 그 영화에 나오는 음악들도 다 정말 좋고, 이야기가 아주 멋지다. 그 영화에 대한 모든 것이 향수를 불러 일으킨다.

WORDS & EXPRESSIONS

- magical 황홀한, 아주 멋진, 즐거운
- nostalgic 향수(鄉愁)의, 향수를 불러 일으키는

친절한 승미쌤

makes me feel so nostalgic 이 부분의 해석이 잘 됐죠? #사역동사 make를 이용한 표현이에요.

My
Diary

Q 058

. . . .

Do you think watching TV is helpful for teens?

당신은 10대들이 TV보는 것이 유익하다고 생각하나요?

Sample Diary

I think the answer depends on the kind of content teens watch. If they watch programs that do not require any thinking, that would be a waste of time. If they watch something informative, however, watching TV can be helpful.

대답은 10대들이 보는 컨텐츠의 종류에 따라 달라지는 것 같다. 아무런 생각도 요구하지 않는 프로그램들을 본다면 그것은 시간낭비일 것이다. 그러나 유용한 정보를 주는 것을 본다면 TV를 보는 것이 유익할 수 있다.

WORDS & EXPRESSIONS

• helpful 유익한, 도움이 되는

• content 내용물

• informative 유용한 정보를 주는

친절한 승익쌤

that으로 시작하는 덩어리는 앞의 명사를 꾸며주는 역할을 합니다. #관계대명사라는 문법이에요.

128

My
Diary

What are your favorite childhood memories?

당신이 가장 좋아하는 어릴 적 추억은 무엇인가요?

Sample Diary

One time, my family travelled to Arizona. On the road, we sang, ate plenty of snacks, and talked for hours. The most memorable thing is when we stopped midway to look at the beautiful stars of the desert.

예전에, 나의 가족은 아리조나로 여행을 갔었다. 이동하면서 우리는 노래를 부르고, 많은 간식을 먹고, 몇 시간 동안 수다를 떨었다. 가장 기억에 남는 것은 사막의 아름다운 별들을 보기 위해 중간에 멈췄을 때이다.

WORDS & EXPRESSIONS

- on the road 여행[이동]중인

- plenty 풍부[충분]한 양의

- memorable 기억할 만한, 인상적인

- midway (시간·거리상으로) 중간에

친절한 승이쌤

동사의 과거형은 반드시 익혀야 해요. sang, ate 같은 다양한 동사들의 과거형을 익히세요.

My
Diary

What is your favorite thing to do outdoors?

당신이 가장 좋아하는 야외활동은 무엇인가요?

Sample Diary

My favorite thing to do outdoors is hiking. I love everything about the mountains, including the smell of trees and the texture of the ground. Hiking is the most fun type of exercise to me.

내가 가장 좋아하는 야외활동은 등산이다. 나는 나무의 냄새와 땅의 감촉까지 산에 대한 모든 것을 정말 좋아한다. 하이킹은 나에게 가장 재미있는 운동 이다.

WORDS & EXPRESSIONS

- outdoors 야외의
- hiking 하이킹, 등산
- including ~을 포함해
- texture 촉감

친절한 승마쌤

including은 '~을 포함 해'라는 의미로, 영어에 서 굉장히 자주 사용해요.

My
Diary

Q061

Do you believe in soul mates and true love?

당신은 소울메이트와 진정한 사랑을 믿나요?

Sample Diary

I don't really believe in soul mates and true love. I think love has more to do with the degree of compatability two people have. Some people just mesh together better than others, and that doesn't necessarily have to do with soul mates.

나는 소울메이트와 진정한 사랑을 믿지 않는다. 사랑은 두 사람이 잘 맞는 정도와 더 관련이 있는 것 같다. 어떤 사람들은 다른 사람들과 더 잘 맞을 뿐이고, 그것이 굳이 필연적으로 소울메이트와 관련된 것은 아니다.

WORDS & EXPRESSIONS

- degree 정도
- compatibility 양립[공존] 가능성
- mesh 딱 들어맞다, 맞물리다
- necessarily 필연적으로

친절한 승익쌤

believe in은 '무언가가 존재함을 믿는다'라는 의미가 있어요.

My
Diary

What do you think about tattoos?

당신은 문신에 대해서 어떻게 생각하나요?

Sample Diary

I think tattoos are a form of self-expression. Many people mark their bodies as a symbol of something significant they have experienced. However, there is still a lot of stigma surrounding tattoos.

나는 문신을 자기표현의 한 방식으로 생각한다. 많은 사람들은 그들이 겪은 중요한 무언가의 상징으로 신체에 흔적을 남긴다. 하지만 여전히 문신을 둘러 싼 오명이 있다.

WORDS & EXPRESSIONS

• self-expression 자기표현

• mark 표시하다, 흔적을 남기다

• significant 중요한

• stigma 오명

친절한 승익쌤

there is는 '~이 있다'는 의미를 나타내요. 이때 there은 의미가 없어요.

My
Diary

Do you like to drink coffee?
당신은 커피 마시는 것을 좋아하나요?

Sample Diary

I love coffee. I love the scent and I often need the effect caffeine has on me. I especially love lattes, but can only drink plain coffee because I am lactose intolerant, unless I go somewhere where they have soy milk,

나는 커피를 정말 좋아한다. 커피 향을 좋아하고, 카페인의 효과가 자주 필요하다. 특히 라떼를 좋아하지만, 락토오스불내증을 가지고 있어서 두유가 있는 곳으로 가지 않는 한 일반 커피밖에 못 마신다.

WORDS & EXPRESSIONS

• scent 향

• plain 일반의, 보통의

• lactose intolerant 락토오스 불내증

• soy 콩, 대두

친절한 승익쌤

the effect caffeine has on me 여기서 caffeine has on me는 the effect 를 꾸며주고 있어요. 중간에 that이 생략된 형태랍니다

My
Diary

How would you describe your own personality?

본인의 성격이 어떻다고 생각하나요?

Sample Diary

I would call myself quite average. As an introvert, sometimes meeting people gets exhausting. I still enjoy socializing from time to time, though.

나는 스스로를 꽤 평범하다고 생각한다. 내향적인 사람이어서 가끔 사람들을 만나는 것이 지친다. 그래도 가끔은 사람들과 어울리는 것도 좋아한다.

WORDS & EXPRESSIONS

- **average** 보통의, 일반적인

- **introvert** 내성[내향]적인 사람

- **exhausting** 진을 빼는, 기진맥진하게 만드는

- **socialize** (사람들과) 사귀다, 어울리다, 교제하다

친절한 승익쌤

원래 exhaust는 '진을 빼다, 기진맥진하게 만들다'라는 동사랍니다.

My
Diary

Q 065

Who is the funniest person you know?

당신이 아는 사람 중 가장 웃긴 사람은 누구인가요?

Sample Diary

The funniest person I know is my friend Monica. We share the same kind of humor. She makes a lot of sarcastic jokes.

내가 아는 사람 중 가장 웃긴 사람은 Monica이다. 우리는 비슷한 유머감각을 가지고 있다. 그녀는 냉소적인 농담을 많이 한다.

WORDS & EXPRESSIONS

- humor 유머
- share 공유하다, 나누다
- sarcastic 빈정대는, 비꼬는
- joke 농담

친절한 승의쌤

funniest는 fun의 #최상급 형태예요. 형용사, 부사의 최상급은 the를 앞에 붙인답니다.

My
Diary

What qualities do you admire in other people?

당신은 다른 사람들의 어떤 점을 존경하나요?

Sample Diary

I admire people who are driven. A lot of the times I find that I lack motivation. This prevents me from being productive.

나는 의욕이 넘치는 사람들이 존경스럽다. 나는 동기부여가 부족한 경우가 많다. 이것이 나를 효율적이지 못하게 한다.

WORDS & EXPRESSIONS

• admire 존경하다. 칭찬하다

• driven 투지[의욕]가 넘치는

• prevent 막다

• productive 결실있는, 생산적인

친절한 승익쌤

a lot of는 '많은'이라는 의미예요. lots of라고 표현할 수도 있어요.

My
Diary

Is exercising important to you?

당신에게 운동하는 것이 중요한가요?

Exercising is important to me, because it allows me to eat what I want. If I don't exercise yet eat like I do, I just feel gross. I try to work out a couple days a week.

내가 먹고 싶은 것들을 먹을 수 있도록 해주기 때문에 나에게 운동은 중요하다. 먹고 싶은 것 다 먹고 운동하지 않으면 몸이 징그럽게 느껴진다. 일주일에 며칠은 운동하려고 노력한다.

WORDS & EXPRESSIONS

- allow 허용하다

- gross 징그러운, 역겨운

- work out 운동하다

친절한 승익쌤

allow라는 동사는 allow A to B의 형태로 사용합니다. 'A가 B하는 것을 허용한다'라는 뜻이에요.

My
Diary

How many hours do you usually sleep a night?

당신은 보통 하룻밤에 몇 시간 동안 잠을 자나요?

Sample Diary

I try my hardest to sleep at least six hours a night. However, sometimes I get carried away on my phone and sleep less. I notice that the less I sleep at night, the crankier I am during the day.

나는 하룻밤에 최소 6시간을 자려고 노력한다. 하지만 어쩔 때는 휴대폰을 하다가 자제력을 잃고 6시간보다 덜 자게 된다. 나는 밤에 덜 잘수록 낮에 더 짜증을 내는 것을 알고 있다.

WORDS & EXPRESSIONS

- try one's hardest 최선을 다하다
- at least 적어도
- carry away 흥분시키다, 열중하게 하다
- notice 주목하다, 알고 있다
- cranky 짜증을 내는

친절한 승익쌤

the less, the crankier을 이용해서 '더 ~하면 할수록 더 ~하다'라는 표현을 한 거예요.

My Diary

Q069

Do you think you're more creative or practical?

본인의 성격이 창의적인 것 같나요, 아니면 현실적인 것 같나요?

Sample Diary

I'm usually too practical. This becomes a problem, especially when situations require me to brainstorm. I envy people who are creative because I think creativity is something harder to cultivate than being logical.

나는 종종 지나치게 현실적이다. 브레인스토밍을 해야 하는 상황이 요구될 때 이것이 특히 문제가 된다. 논리적으로 행동하는 것보다 창의력을 기르는 것이 더 힘든 것 같아서 나는 창의적인 사람들이 부럽다.

WORDS & EXPRESSIONS

• practical 현실적인

• envy 부러워하다

• cultivate 기르다, 함양하다

• logical 논리적인

친절한 승익쌤

who 덩어리가 사람을 꾸며줄 수 있어요. Sample Diary의 문장처럼요.

My Diary

Q 070

Would you choose a different name for yourself?

당신은 자신의 이름을 바꿀 수 있다면 바꾸겠습니까?

Sample Diary

I'm not sure. I don't particularly like my name, because it is quite old-fashioned. However, I've become so accustomed to it that I don't think I can get used to a new one.

잘 모르겠다. 내 이름이 옛날 이름이기 때문에 딱히 마음에 들진 않는다. 하지만 너무 익숙해져서 새로운 이름에 또 익숙해질 수 없을 것 같다.

WORDS & EXPRESSIONS

• particularly 특히, 특별히

• old-fashioned 옛날식의, 구식의

• accustomed to ~에 익숙한

친절한 승익쌤

so 형용사/부사 that~은 '너무 형용사/부사 해서 ~하다'라는 표현이에요.

My Diary

Who do you think is a good role model for teenagers?

10대들의 좋은 롤모델에는 누가 있을까요?

Sample Diary

Malala Yousafzai, a Pakistani activist, is a great role model. She's twenty years old and she advocates for the education of women. She is the youngest Nobel Prize laureate.

파키스탄의 운동가인 Malala Yousafzai는 정말 좋은 롤모델이다. 그녀는 20살이고 여성들의 교육을 지지한다. 그녀는 최연소 노벨 평화상 수상자다.

WORDS & EXPRESSIONS

- activist 운동가
- advocate (공개적으로) 지지하다, 옹호하다
- laureate (뛰어난 업적으로 훈장·상을 받은) 수상자

친절한 승익쌤

the youngest는 young의 #최상급이에요.

My
Diary

If you could invent anything, what would it be?

당신이 무언가를 발명할 수 있다면 어떤 것을 발명할 건가요?

Sample Diary

I would invent a teleport machine. So much of my time is spent missing people living far away, and so much of my money is spent on airplane tickets. A teleport machine would solve so many of my problems.

나는 순간이동 기계를 발명할 것이다. 나는 많은 양의 시간을 멀리 사는 사람들을 그리워하면서 보내고, 많은 양의 돈을 비행기 표를 구매하는 데 사용한다. 순간이동 기계는 나의 많은 골칫거리들을 해결해줄 것이다.

WORDS & EXPRESSIONS

- miss 그리워하다
- far away 멀리
- invent 발명하다
- teleport 순간이동
- solve 해결하다

친절한 승익쌤

solve는 '문제를 해결한다'라는 의미로, problem과 잘 어울려요.

My
Diary

Q 073

. . .

What is one current event you keep up with?

당신이 지속적으로 알려고 하는 시사문제는 무엇인가요?

Sample Diary

I try to keep up with environmental news. Despite environmental problems impacting our daily lives more and more, many people are clueless about the issue. Keeping tabs on what's going on is the least I can do.

나는 환경뉴스를 지속적으로 알려고 한다. 환경 문제가 우리 일상에 점점 더 큰 영향을 끼침에도 불구하고 많은 사람들은 이 문제에 대해서 아무것도 모른다. 어떤 일들이 일어나는지 예의주시하는 것은 내가 할 수 있는 최소한이다.

WORDS & EXPRESSIONS

• environmental 환경의, 환경과 관련된

• despite ~임에도 불구하고

• impact 영향을 끼치다

• clueless 아무 것도 모르는, 오리무중의

• keep tabs on ~을 예의 주시하다

친절한 승익쌤

the least는 최소한이라는 의미로 쓰였어요. 다양한 표현이 쓰인 문장들을 따라 써보는 것만으로도 큰 공부가 될 거예요.

My
Diary

What do you think is your biggest physical flaw?

본인의 몸에서 가장 큰 콤플렉스는 무엇이라고 생각하나요?

Sample Diary

I don't like my nose. The primary reason is that because my nose is low, it is difficult to find sunglasses that fit my face properly. I always have to get them altered to my face.

나는 내 코를 좋아하지 않는데. 그 주된 이유는 콧대가 낮아서 얼굴에 잘 맞는 선글라스를 찾기 힘들다는 것이다. 나는 항상 선글라스를 얼굴에 맞게 고쳐야 한다.

WORDS & EXPRESSIONS

• flaw 결함

• primary 주된, 주요한

• fit (꼭) 맞다. 적합하다

• properly 제대로

• alter 변하다, 달라지다, 바꾸다, 고치다

친절한 승익쌤

fit은 의미가 많은 단어예요. '딱 맞다'라는 뜻도 있고, '건강한'이라는 의미도 있어요. 여기서 fitness(신체 단련)라는 단어가 생겼죠.

My Diary

Q 075

Do you find it easy to make friends or difficult?

당신에겐 친구를 사귀는 것이 쉽나요, 어렵나요?

I find it easy to make friends. However, it's difficult to make friends who last. I think that process definitely takes more time and effort.

나는 친구를 쉽게 사귀는 편이다. 하지만 오랫동안 지속되는 친구를 사귀는 것은 힘들다. 그 과정은 확실히 더 많은 시간과 노력이 더 필요한 것 같다.

WORDS & EXPRESSIONS

• last 계속하다, 지속하다

• process 과정

• definitely 확실히, 분명히

• effort 노력

친절한 승익쌤

find it easy에서 it은 가짜예요. 진짜는 뒤에 이어지는 to make friends 랍니다. 이를 #가목적어 #진목적어라고 불러요.

Sample Diary를 따라 써보세요

My
Diary

What is your dream car?

당신의 드림카는 무엇인가요?

My dream car is a Tesla Model S. The design is very sleek and sophisticated. Also, it's an electric car, which means it is not too harmful to the environment.

나의 드림카는 Tesla 모델 S이다. 디자인은 매우 날렵하고 세련되었다. 또한 전기차이기 때문에 환경에 크게 유해하지도 않다.

WORDS & EXPRESSIONS

• sleek 날렵한, 매끈한

• sophisticated 세련된

• harmful 해로운

친절한 수익쌤

, which를 이용하면 앞 문장의 내용을 가지고 올 수 있어요. 위 문장에서 는 그 차가 전기차라는 내용을 which가 받아주 고 있어요.

My
Diary

What kind of person do you want to marry someday?

당신은 미래에 어떤 사람하고 결혼하고 싶나요?

Sample Diary

I want to marry someone who I can be a good team with. I want to marry someone not only based on love, but also companionship. I want to marry someone who can be my best friend.

나는 나와 좋은 팀을 이룰 수 있는 사람과 결혼하고 싶다. 사랑에만 기반을 둔 결혼이 아니라 우정에도 기반을 둔 결혼을 하고 싶다. 나와 가장 친한 친구가 될 수 있는 사람과 결혼하고 싶다.

WORDS & EXPRESSIONS

• based on ~에 근거[기반]를 두다

• companionship 동료[동지]애, 우정

친절한 승익쌤

want to + 동사는 '~을 원한다'라는 의미를 나타내는 대표적 표현이에요. want marrying 같은 표현은 쓰지 않아요. want 는 'to 동사'만 좋아한답니다.

My
Diary

How important do you think is physical appearance?

당신은 외모를 얼마나 중요하게 생각하나요?

Sample Diary

I think it all depends on circumstance, but most of the time, physical appearance is irrelevant. In regards to jobs, ability is more important, and in regards to dating, general attraction is more important. It all boils down to what priorities people have.

상황에 따라 다른 것 같지만 대부분에 경우에는 외모는 상관없는 것 같다. 직업과 관련해서는 능력이 더 중요하고, 연애와 관련해서는 전체적인 이끌림이 더 중요하다. 핵심은 사람들이 어떤 우선순위를 가졌느냐에 따라 다르다.

WORDS & EXPRESSIONS

- circumstance 상황, 환경
- physical appearance (신체적) 외모
- irrelevant 무관한, 상관없는
- attraction 마음을 끌어당기는 힘, 매력
- boil down to 핵심[본질]이 ~이다
- priority 우선 사항

친절한 승익쌤

in regards to는 '~에 관련해서는'이란 의미로, 다음에 명사 또는 동사 ing를 연결해서 사용합니다.

My
Diary

What would you do if you were invisible for a day?

당신이 하루 동안 투명인간이라면 무엇을 할 것인가요?

Sample Diary

I would sneak into a delicious buffet. I would eat until it felt like my stomach was exploding. It would be wonderful.

나는 맛있는 뷔페로 몰래 들어갈 것이다. 배가 터질 것 같은 느낌이 들 때까지 먹을 것이다. 정말 멋질 것이다.

WORDS & EXPRESSIONS

• invisible 보이지 않는

• sneak into ~에 몰래 들어가다

• buffet 뷔페

• explode 터지다

친절한 승익쌤

visible은 '보이는'이라는 의미이고, invisible은 '보이지 않는'이라는 의미예요.

My
Diary

What do you see yourself doing in 10 years?

10년 후의 당신은 어떤 모습일까요?

Sample Diary

In ten years, I'll be at the height of success in my career. Hopefully, I'll have my own place. I might even be married with an adorable dog.

10년 후에는 내 커리어에서 성공의 정점에 있을 것이다. 나만의 집이 있길 기대한다. 귀여운 강아지를 키우며 결혼했을 수도 있다.

WORDS & EXPRESSIONS

• at the height 한창일 때

• hopefully 바라건대

• adorable 사랑스러운

친절한 승익쌤

in이라는 표현은 '시간의 경과'를 나타낼 수 있어요. in two days는 '이틀 후'라는 의미가 되겠죠.

My Diary

What subjects in school do you enjoy learning about?

당신은 학교에서 어떤 과목을 공부하는 것을 좋아하나요?

Sample Diary

I enjoy learning about history. Studying history is like reading an interesting novel- but everything is true! It's so fascinating learning what people did in the past.

나는 역사공부를 하는 것이 재미있다. 역사공부를 하는 것은 재미있는 소설을 읽는 것 같다– 하지만 모든 것이 실화이다! 과거의 사람들이 어떤 것을 했는지 배우는 것은 매우 흥미롭다.

WORDS & EXPRESSIONS

• novel 소설

• fascinating 대단히 흥미로운, 매력적인

친절한 승익쌤

enjoy + 동사ing 형태를 이용해서 평소에 즐기는 일들을 나타낼 수 있답니다.

My
Diary

What's the worst decision you've ever made?

당신이 내린 최악의 결정은 무엇이었나요?

Sample Diary

The worst decision I've ever made was taking a class I wasn't interested in. I took it because I thought it would be an easy grade, but I couldn't focus or be engaged in class discussions. I didn't get the grade, and I was miserable for the whole semester.

내가 내린 최악의 결정은 관심이 없는 수업을 듣는 것이다. 좋은 점수를 쉽게 받을 수 있을 것 같아서 수업을 듣게 되었지만 집중하기 힘들었고, 수업 내 토론에 참여하지 못했다. 좋은 점수를 받지도 못했고, 학기 내내 우울했다.

WORDS & EXPRESSIONS

• decision 결정

• be interested in ~에 흥미가 있는

• engage in ~에 참여하다

• discussion 논의, 상의

• miserable 비참한

친절한 승익쌤

the worst는 '최악의'라는 의미예요. bad의 #최상급이랍니다.

My
Diary

Do you like cooking?

당신은 요리하는 것을 좋아하나요?

Sample Diary

I only like cooking when I feel like it. Sometimes I'll stumble upon a recipe I really want to try. However, my cooking skills are subpar.

나는 기분이 날 때만 요리하는 것을 좋아한다. 가끔 정말 시도해보고 싶은 레시피를 우연히 발견할 때가 있다. 하지만 내 요리 실력은 보통 이하이다.

WORDS & EXPRESSIONS

- stumble upon ~을 우연히 발견하다

- recipe 요리법

- subpar 보통[수준] 이하의

친절한 승익쌤

feel like는 '~하고 싶은 기분이 들다'라는 의미예요. 다음에 하고 싶은 것을 이어서 쓰면 됩니다. feel like studying은 '공부하고 싶은 기분이 든다'는 거죠.

My
Diary

What do you think you should learn more of at school?

학교에서 더 배워야할 것에는 무엇이 있을까요?

Sample Diary

I think I should learn about more practical things, like what taxes are and how they work. Another practical thing that would be nice to learn is managing finances or housing. The reality is that schools do not prepare students to deal with these kinds of things.

나는 세금이 무엇이고 어떻게 처리하는 것인지와 같이 실리적인 것에 대해서 더 배워야할 것 같다. 배워두면 좋을 것 같은 실리적인 것에는 돈이나 주택 공급을 관리하는 방법도 있다. 학교에서 학생들에게 이런 문제들을 어떻게 대처하는지 가르쳐주지 않는 것이 현실이다.

WORDS & EXPRESSIONS

- practical 현실[실질/실제]적인
- manage (돈·시간·정보를 합리적으로) 처리[이용]하다
- finance 자금[재정]
- housing 주택, 주택공급

친절한 승익쌤

like는 '좋아하다'라는 의미와 함께 '~처럼, ~같은'이라는 의미도 가지고 있어요.

My Diary

If you won the lottery, how would you spend the money?

당신이 복권에 당첨된다면 그 돈을 어떻게 사용할 것인가요?

Sample Diary

This is so exciting to even imagine. I would save a fourth and donate a fourth to a charity. With the rest, I'd buy some property and cross some items off my bucket list.

상상하는 것도 너무 신이 나는 상황이다. 나는 1/4은 저축하고, 사분의 일은 자선단체에 기부할 것이다. 나머지로는 물건을 구입하고, 버킷리스트에 적혀있는 몇 가지를 시도할 것이다.

WORDS & EXPRESSIONS

- imagine 상상하다
- donate 기부하다
- charity 자선단체
- rest 나머지
- property 재산, 소유물
- bucket list 죽기 전에 꼭 해보고 싶은 일들

친절한 승익쌤

a fourth는 1/4이라는 분수를 나타내는 표현이랍니다.

My
Diary

If you could be a superhero, what would your power be?

만약에 당신이 슈퍼히어로라면, 당신의 초능력은 무엇인가요?

Sample Diary

I used to want to fly, but I don't want to anymore because of air pollution. Now, I'd rather have the power of being able to teleport or shape shift. Maybe I'll be recruited by Tony Stark.

예전에 나는 날고 싶었지만 이제는 대기오염 때문에 그러고 싶지 않다. 이제는 오히려 순간이동이나 몸의 형태를 마음대로 바꿀 수 있는 능력을 가지고 싶다. 아마도 나는 Tony Stark에 의해 신입 사원으로 뽑힐 지도 모른다.

WORDS & EXPRESSIONS

• air pollution 대기오염

• would rather ~하는 편이 더 낫다

• teleport 순간이동하다

• shape shift 모습을 마음대로 변화시키다

• recruit 모집하다

친절한 승익쌤

'd rather은 would rather 을 줄여서 쓴 표현이에요.

My
Diary

Q 087 . . .

If you could meet anyone dead or alive who would it be?

죽은 사람을 포함해서, 아무나 만날 수 있다면 누구를 만날 것인가요?

Sample Diary

I'd like to meet the comedian and talk show host Ellen DeGeneres. She's so kind and generous, and I know we'd have a hoot. I want to be her best friend.

나는 코미디언이자 토크쇼 호스트인 Ellen DeGeneres를 만나고 싶다. 그녀는 너무나 착하고 너그럽고 그녀와 즐거운 시간을 보낼 수 있음을 확신한다. 그녀와 친한 친구가 되고 싶다.

WORDS & EXPRESSIONS

• comedian 코미디언

• generous 너그러운

• have a hoot 즐거운 시간을 보내다

친절한 승익쌤

would like to는 '~하고 싶다'라는 의미로, 줄여서 'd like to로 표현하죠.

Sample Diary를 따라 써보세요

My Diary

Would you rather be a child, teenager or an adult?

어린이, 10대, 어른 중에 어떤 것이 가장 되고 싶은가요?

Sample Diary

I'd rather be a child. When I was a child the biggest worry I had was about going to the park. Puberty is not fun at all, and adulthood means responsibilities.

나는 어린이가 되고 싶다. 어렸을 때 나의 가장 큰 고민은 공원에 가는 것이었다. 사춘기는 정말 별로이고, 성인이 되면 책임져야 하는 것들이 많아진다.

WORDS & EXPRESSIONS

- puberty 사춘기
- adulthood 성인, 성년
- responsibility 책임(맡은 일), 책무

친절한 승익쌤

누구나 겪게 되는 사춘기는 영어로 puberty라고 부른답니다. 사춘기 때 생기는 여드름은 pimple 이라고 해요.

My Diary

If you could be born again, who would you come back as?

당신이 새로 태어날 수 있다면, 누구로 태어나고 싶나요?

I would be born as myself. It's confusing how being born as another person would work. Would I be myself as I am now as well as my 'new' self, or would I just be my 'new' self?

나는 그냥 지금의 나로 태어날 것이다. 다른 사람으로 태어나는 것이 어떻게 되는 건지 헷갈린다. 지금의 내가 '새로운' 나와 함께 존재하는 것인지, 그냥 '새로운' 나로 지내는 건지 모르겠다.

WORDS & EXPRESSIONS

• confusing 헷갈리는

• as well as ~뿐만 아니라 ~도

친절한 승익쌤

as에는 여러 가지 의미가 있어요. '~로서'라는 자격을 나타낼 수 있는데요, as a student는 '학생으로서'라는 표현이에요.

My Diary

What's the meanest thing you've ever done?

당신이 저지른 가장 못된 짓은 무엇인가요?

Sample Diary

When I was in elementary school, a boy gave me a plastic ring saying that he had a crush on me. Being the dramatic child I was, I decided to reject him by throwing the ring into a bush in front of him. I still feel bad to this day.

초등학생 때, 어떤 남자아이는 내가 좋다며 나에게 플라스틱으로 된 반지를 주었다. 나는 극적인 아이여서 그 아이를 거절하는 방식으로 보는 앞에서 그 반지를 덤불에 버리기로 결정했다. 오늘날까지도 미안한 감정을 느낀다.

WORDS & EXPRESSIONS

• have a crush on ~에게 홀딱 반하다

• dramatic 극적인

• reject 거부[거절]하다

• bush 관목, 덤불

친절한 승이쌤

누군가를 좋아한다면 have a crush on + 사람 이라는 표현을 써보세요. 한눈에 반하게 되는 사랑을 나타낼 수 있어요.

My Diary

If you knew the world was about to end, what would you do?

당신이 세상의 종말이 다가온다는 것을 안다면 어떻게 할 것인가요?

Sample Diary

It would be a huge burden to be the only person to know that the world was ending. I wouldn't tell anyone else, because there would be a worldwide panic. Hopefully, the moment will be short, and not like the movies.

세상의 종말을 유일하게 아는 사람인 것은 엄청 큰 부담일 것이다. 전 세계적 공황상태가 될까봐 다른 사람들한테는 얘기하지 않을 것이다. 바라건대 영화에서 나오는 것과 다르게 그 순간이 짧았으면 한다.

WORDS & EXPRESSIONS

• huge 거대한

• burden 부담, 짐

• worldwide 전 세계적

• panic 공황

• moment 순간

친절한 승인쌤

위 첫 문장의 it은 의미가 없는 가짜 주어예요. 진짜 주어는 to be 이하랍니다. 주어가 너무 길면 가주어 it을 쓰고 진짜 주어는 뒤로 보내요.

My
Diary

What do you do when no one else is home?

당신은 집에 아무도 없을 때 무엇을 하나요?

Sample Diary

I crank up my favorite music and cook. My mom doesn't like it when I cook, because I usually make a mess of the kitchen. But when she's not there to stop me, I can make whatever I want.

나는 내가 가장 좋아하는 음악을 크게 틀어놓고 요리한다. 부엌을 엉망으로 만들어서 엄마는 내가 요리하는 것을 좋아하지 않는다. 하지만 나를 말릴 사람이 없을 때는 만들고 싶은 것을 다 만들 수 있다.

WORDS & EXPRESSIONS

- crank up (음악 등의) 소리를 높이다
- make a mess 엉망으로 만들다. ~을 망쳐놓다

친절한 승익쌤

whatever은 '~라면 뭐든지'라는 의미를 가지고 있어요. #복합관계대명사라는 어려운 이름을 가지고 있답니다.

My
Diary

Q 093

Do you think that wearing uniforms to school is a good idea?

당신은 교복을 입고 학교로 가는 것이 좋다고 생각하나요?

Sample Diary

I think school uniforms are a good idea as long as they are comfortable. My uniform is very uncomfortable and doesn't serve much purpose except for looking neat. If the students themselves are not the priority for uniforms, they're pointless.

나는 교복이 편안한 이상 찬성이다. 나의 교복은 매우 불편하고 깔끔해보이는 것 외의 목적이 없다. 교복을 입는 문제에 있어서 학생들의 입장이 우선순위가 되지 않는다면, 교복이라는 것은 무의미하다.

WORDS & EXPRESSIONS

• comfortable 편안한

• serve a purpose 도움이 되다

• except for ~을 제외하고

• neat 깔끔한

• pointless 무의미한, 할 가치가 없는

친절한 승의쌤

as long as는 '~하는 한' 이라는 의미로 자주 활용할 수 있는 표현이에요. 〈As Long As You Love Me〉라는 유명한 팝송도 있답니다.

My Diary

What do you wish you were good at?

당신이 어떤 것을 잘했으면 좋겠습니까?

Sample Diary

I wish I was talented in music. I really love music, but it's so frustrating to not be able to create it. One day I want to learn how to play an instrument.

음악에 재능이 있었으면 좋겠다. 나는 음악을 정말 좋아하지만, 음악을 만들 수 없는 것이 너무 불만스럽다. 언젠간 악기를 연주하는 법을 배우고 싶다.

WORDS & EXPRESSIONS

• be talented 재능이 있다

• frustrating 좌절스러운

• create 창조[창작/창출]하다

• instrument 악기

친절한 승익쌤

I wish 다음에 문장을 이어서 쓰면 소망하는 내용을 나타낼 수 있어요.

My
Diary

Q095

If you could be a movie character, who would you be?

당신이 영화캐릭터일 수 있다면, 누가 되고 싶나요?

Sample Diary

I would be Moana. I love hanging by the shore. It would be so fun to actually be friends with the ocean- I wouldn't get seasick anymore!

나는 모아나가 되고 싶다. 나는 해변에서 노는 것을 매우 좋아한다. 바다랑 실제로 친구가 되는 것이 너무 재밌을 것 같다- 더 이상 뱃멀미를 하지 않을 테니까!

WORDS & EXPRESSIONS

• shore 해안

• seasick 뱃멀미하는

My
Diary

Q 096

Did you ever fake illness to get out of school or another event?

당신은 아픈 척을 하고 학교나 어떤 행사에서 빠진 적이 있나요?

Sample Diary

One time, I cancelled my plans telling my friends that I wasn't feeling well. In fact, I was perfectly fine. My laziness won over my desire to meet my friends.

예전에 나는 친구들에게 몸이 좋지 않다며 약속을 취소했다. 사실 나의 상태는 완전 괜찮았지만 말이다. 나의 게으름이 친구들을 만나고 싶어 하는 욕구보다 더 컸다.

WORDS & EXPRESSIONS

- cancel 취소하다
- feel well 건강 상태가 좋다
- laziness 게으름
- win over 이기다
- desire 욕구, 갈망

친절한 승이쌤

in fact는 '사실'이라는 의미예요. 진실된 이야기, 솔직한 이야기를 할 때 사용할 수 있어요.

My Diary

What do you do on a rainy day?

당신은 비가 오는 날에 무엇을 하나요?

I love the rain, but only from indoors. If I have no plans, I usually like sleeping in and waking up to the sound of the rain. Hot chocolate with marshmallows is great to drink as well.

나는 비를 좋아하지만 실내에 있을 때만 좋아한다. 약속이 없다면 늦은 아침에 빗소리에 잠을 깨는 것을 좋아한다. 마시멜로를 띄운 핫초콜릿을 마시는 것도 아주 좋다.

WORDS & EXPRESSIONS

• plan 계획

• sleep in 늦잠 자다

• as well 또한

친절한 승익쌤

if 다음에 문장을 이어서 쓰면 '만약~한다면' 같은 조건을 나타낼 수 있어요.

My
Diary

Q 098

What food would you choose if you could only eat one thing for the rest of your life?

당신이 죽을 때까지 한 가지 음식만 먹을 수 있다면 어떤 음식을 선택할 건가요?

Sample Diary

I would choose pizza. There are so many possible variations of pizza. I can choose different toppings for every meal.

나는 피자를 선택할 것이다. 여러 가지 변형의 가능성이 많다. 매 식사마다 다른 토핑을 고르면 된다.

WORDS & EXPRESSIONS

- possible 가능한
- variation (특히 양·정도의) 변화[차이]
- choose 선택하다

친절한 승익쌤

there are는 '~이 있다' 는 표현이에요. 이어지는 명사가 2개 이상인 복수이기 때문에 are를 사용한 거랍니다.

My
Diary

Q 099

Do you think it is better to grow up in the city or the country?

도시와 시골 중에서 어느 곳에서 자라는 것이 더 좋다고 생각하나요?

Sample Diary

I think it is better to grow up in the city. There are much more opportunities in the city regarding education and culture. You can also meet people from diverse backgrounds from a young age.

나는 도시에서 자라는 것이 더 좋다고 생각한다. 도시에서 자라면 교육과 문화 측면에서의 기회들이 훨씬 많다. 또한 어린나이 때부터 여러 배경을 가진 사람들을 만날 수 있다.

WORDS & EXPRESSIONS

- opportunity 기회
- regarding ~에 관해
- education 교육
- culture 문화
- diverse 다양한
- background 배경

친절한 승익쌤

첫 문장의 it은 가주어예요. 진주어는 to grow up in the city인데 길어서 뒤로 옮겨졌어요.

My
Diary

Q100

Do you think it's important to speak and understand other languages?

당신은 다른 언어들을 말하고 이해하는 것이 중요하다고 생각하나요?

Sample Diary

If someone wants to have international experiences such as traveling, I think knowing other languages is important. Language is an integral part of a country's culture. Knowing another language will also help with building relationships with locals.

여행과 같이 국제적인 경험을 쌓고 싶어 하는 사람들에게는 다른 언어를 아는 것이 중요하다고 생각한다. 언어는 한 국가의 문화의 중요한 한 부분이다. 또한 현지인들과 관계를 맺는 데 도움이 될 것이다.

WORDS & EXPRESSIONS

• international 국제적인

• integral 필수적인, 필요불가결한

• local (특정 지역에 사는) 주민, 현지인

친절한 승익쌤

such as는 '예를 들어, ~와 같은'이라는 의미예요. 앞에서 이야기한 것에 대한 구체적인 예를 들 때 사용할 수 있어요.

My
Diary

기억에 2배로 오래 남는 영단어 암기비법
60일 만에 마스터하는 중학 필수 영단어 1200
정승익 지음 | 값 15,000원

중학생이라면 꼭 알아야 할 영단어를 60일이면 효과적으로 외울 수 있는 단어 학습서다. 30일까지의 단어를 31일부터 60일까지 다시 한 번 반복해서 자연스럽게 같은 단어를 2번 외울 수 있도록 구성했다. 책으로만 공부하기 힘들다면 QR코드로 제공하는 10년 차 영어 교사인 저자의 무료 음성 강의를 들으면 된다. 몇 번 읽는 것만으로도 단어가 기억에 남는 이 책으로 중학교 영단어를 정복해보자.

문법과 숙어를 동시에 잡는 일석이조의 암기책
한 권으로 영포자를 탈출하는 중학 필수 영숙어 1200
정승익 지음 | 값 15,000원

영어를 가장 영어답게 암기하는 콜로케이션을 활용한 영숙어 학습서다. 이 책은 총 60일 차로 구성되어 있으며 중학 영숙어 600개와 고등 영숙어 600개, 이렇게 총 1,200개의 영숙어를 한 권에 담아 중·고등학교 영어 내신에 대비할 수 있게 했다. 또한 각 일차마다 중학생이라면 꼭 알아야 할 핵심 영문법을 꼼꼼히 정리해 숙어와 문법을 한 번에 익힐 수 있다. 영숙어를 암기하면서 영어 공부의 재미를 느끼고 싶다면 이 책을 읽어보자.

수능 영어의 기초를 잡아주는 영단어 암기비법
60일 만에 마스터하는 수능 필수 영단어 1200
정승익 지음 | 값 15,000원

수능을 준비하는 학생이라면 반드시 알아야 하는 1,200개 영단어를 60일 동안 효과적으로 외울 수 있게 구성된 학습서다. 수능에 빈출된 단어를 콜로케이션과 다양한 예문을 통해 암기할 수 있다. 30일까지의 단어를 31일부터 60일까지 다시 한 번 반복해 자연스럽게 같은 단어를 2번 외울 수 있다. 효과적인 학습을 위해 QR코드로 저자의 무료 음성 강의를 제공한다. 가장 효율적인 방법으로 암기를 돕는 이 책으로 수능 영단어를 정복해보자.

세상에서 가장 재미있는 중학교 과학 이야기
중학생이라면 꼭 알아야 할 교과서 과학
전형구 지음 | 값 15,000원

어렵다고 느꼈던 과학을 풍부한 비유와 예시로 쉽고 재미있게 배울 수 있는 중학교 과학 학습서다. 이 책에서는 중학교 1학년부터 3학년까지의 교육과정에 나오는 내용들을 물리, 화학, 생물, 지구과학의 영역으로 나누어 꼭 알아야 할 주요 개념을 설명한다. 또한 각 글의 마지막에 '1분 과학 포인트'를 넣어 과학사에 중요한 업적을 남긴 과학자들과 과학 관련 상식을 알려주어 주요 개념뿐만 아니라 과학 상식도 함께 키울 수 있다.

세상에서 가장 재미있는 중학교 사회 이야기

중학생이라면 꼭 알아야 할 교과서 사회

유소진 지음 | 값 15,000원

어렵다고 느꼈던 과학을 풍부한 비유와 예시로 쉽고 재미있게 배울 수 있는 중학교 과학 학습서다. 이 책에서는 중학교 1학년부터 3학년까지의 교육과정에 나오는 내용들을 물리, 화학, 생물, 지구과학의 영역으로 나누어 꼭 알아야 할 주요 개념을 설명한다. 또한 각 글의 마지막에 '1분 과학 포인트'를 넣어 과학사에 중요한 업적을 남긴 과학자들과 과학 관련 상식을 알려주어 주요 개념뿐만 아니라 과학 상식도 함께 키울 수 있다.

세상에서 가장 재미있는 중학교 국어 이야기

중학생이라면 꼭 알아야 할 교과서 국어

송은영 지음 | 값 14,000원

모든 과목의 기초 체력인 국어 과목을 탄탄하게 다져줄 영역별 필수 개념을 엄선해 정리한 중학교 국어 학습서다. 이 책에는 최근에 개정된 교육 과정을 반영해 중학생이라면 꼭 알아야 할 국어 개념을 모두 담았다. 친숙한 예시와 재미있는 맥락 속에서 즐겁게 필수 국어 개념을 익히고 나면 국어 교과서에서 만나게 되는 구체적인 제재들을 더욱 빠르게 자신의 것으로 만들 수 있을 것이다. 이 책과 함께 국어의 기초 체력을 쑥쑥 키워보자.

세상에서 가장 재미있는 중학교 수학 이야기

중학생이라면 꼭 알아야 할 교과서 수학

조규범 지음 | 값 14,000원

이 책은 중학교 1학년부터 3학년까지 꼭 알아야 할 수학의 기초 개념을 담은 학습서다. 수학은 개념 이해부터 문제 풀이까지 차근차근 공부해나가야 그 내용을 완전히 이해할 수 있다. 이 책에서 제시한 대로 꼭 알아두어야 할 용어를 정리한 후 기본 개념을 이해하고 문제 풀이과정을 보면서 공부하다 보면 개념을 확실하게 터득할 수 있다. 풍부한 도해와 다양한 예시를 바탕으로 친절하게 설명한 이 책으로 수학을 공부해보자.

세상에서 가장 재미있는 중학교 한문 이야기

중학생이라면 꼭 알아야 할 교과서 한문

김아미 지음 | 값 14,000원

한자 학습에 어려움을 겪는 중학생들이 재미있게 공부할 수 있는 책이다. 이 책은 학교마다 각기 다른 한문 교과서를 쓰고 있다는 점을 고려해 각 교과서에 나오는 공통된 내용을 담아 함께 공부할 수 있도록 했다. 한자·한자어·한문·한시 등으로 영역을 나누어 각 영역에서 집중해야 할 부분들을 정리했으며, 예문들 역시 쉽고 익숙한 교과서 중심의 문장들을 활용해 내신과도 연결될 수 있도록 했다.

독자 여러분의
소중한 원고를 기다립니다

★ 　　메이트북스는 독자 여러분의 소중한 원고를 기다리고 있습니다. 집필을 끝냈거나 혹은 집필중인 원고가 있으신 분은 khg0109@hanmail.net으로 원고의 간단한 기획의도와 개요, 연락처 등과 함께 보내주시면 최대한 빨리 검토한 후에 연락드리겠습니다. 머뭇거리지 마시고 언제라도 메이트북스의 문을 두드리시면 반갑게 맞이하겠습니다.